傷痕文學大系 6

茱萸花

Dogwood

三輪車伕之子到留美博士的家族顛沛流離奮鬥史

張守玉／口述
蹇婷婷／撰文

博客思出版社

作者簡介

張守玉博士

祖籍山東日照，一九四八年八月出生於上海，他的少年與青年時期都是在台灣成長、受教育的，並先後以優異成績畢業於台北成淵中學、建國高級中學、台灣大學土木系、台灣大學土木系衛生工程研究所。並於一九七七、一九八一年分別取得美國北卡大學、伊利諾大學環境工程系碩士及博士。

旅居美國三十多年，曾經擔任過密蘇里大學土木工程系環境工程助教授、北卡農工州立大學土木系副教授，目前是北卡農工州立大學「North Carolina A&T State University」土木系教授、美國能源部講座教授「DOE Samuel Massie Chair of Excellence Professor in Environmental Engineering」在環保教育與研究領域上頗有貢獻。

蹇婷婷

曾任：雜誌總編輯、書籍出版總編輯、文教基金會董事、出版協會理事。

目前專職家族史撰寫及文創企劃工作，戮力推廣快樂閱讀、文字療癒書寫課程及專題演講。

著作內容寬廣多元性，著有《陸小芬的生活禪》、《郭月英的蝴蝶輕舞三十年》、《胡鵬飛一個半下流社會的告白》、《張旭初的風水財與運》、《堅持——蔬菜美人故事》、《五色奇蹟》、《性其實就是這麼簡單》、《打開性潛能》、《做個魅力四射的女人》——(東佑文化出版)

謹以此書獻給　我的嬤嬤、父母親與愛妻

這是父母親大伯母和嬤嬤的全家福照，第一排左起，大妹秀清、二弟守中、嬤嬤、大弟守嶽、張守玉，後排左起父親、母親、手抱著是小妹秀萍、大伯母。

1973年張守玉在高雄岡山空軍機校受訓。

1972年父母親和當時還是女友的妻子一起參加張守玉台大研究所畢業典禮。

1975年7月6日和妻子龐靜在台北結婚。

張守玉的岳父龐百頤先生岳母龐周慕晏女士。

1975年張守玉結婚當天，全家拍了這張難得的全家福照。左起前排小弟守華、母親、父親、二弟守中 ，後排左起小妹秀萍、大妹秀清、張守玉、大弟守嶽。

1975年婚後一個月張守玉和妻子雙雙赴美，行前在松山機場父母親、岳父母及弟妹們都來送行。

在美國 Missouri Rolla 蓋的第一個家。

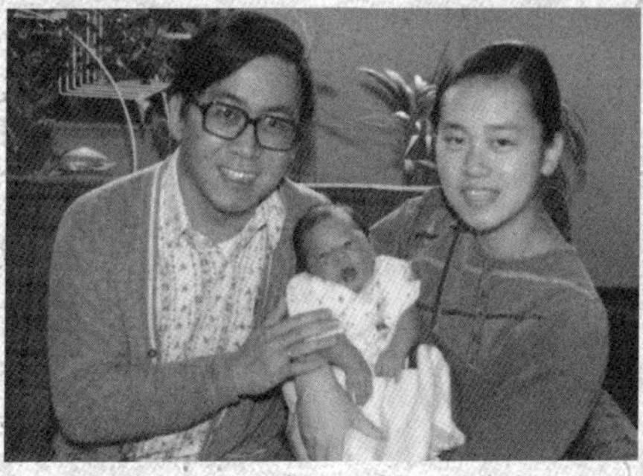

1981年張守玉夫婦的第一個孩子，初嚐為人父母的滋味。

1975年8月偕同新婚妻子到德州奧斯汀。

大女兒永潔三歲時可愛的模樣。

大女兒永潔和二女兒永玲相繼出生，給家帶來很多歡樂。

青少棒來美國比賽，張守玉為青少棒國手們加油，據說歌星鳳飛飛也特地飛來為他們打氣鼓勵。

台灣來的青少棒隊在印第安納州的蓋瑞城比賽，許多留學生都從很遠的地方開車為台灣隊伍加油。

在 Illinois 求學時，釣鯉魚是張守玉最喜歡的休閒活動。

1976年在 Chapel Hill 的同學來張守玉家聚會。

1984年張守玉父母親第一次來美國，到他位於Missouri Rolla的新家。

1985年岳母和小舅子龐飛劉涓夫婦一起來美國，拜訪張守玉的家。左起龐飛、劉涓、岳母、大女兒、龐靜、小女兒、張守玉。

1987年為了讓孩子們了解中文，張守玉夫妻帶着女兒一起到中文學校為小朋友們講解中國年的源流。

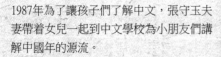

晚年的父母親來加拿大守中弟家短暫停留，和張守玉、張守中全家共度一段美好的時光。前排左一是大女兒永潔，中間左起張守玉父母親和小女兒永玲，後排左起張守玉和妻子龐靜。

龐靜是一位做事非常認真細心的人，在她工作崗位上，深獲上司同仁們的尊敬，這是獲獎的一個晚宴，張守玉應邀參加。

1994年母親節高慶蘭女士（二排左五）獲得新北市三重區模範母親代表，在表揚大會上接獲頒獎。

父母親在紐約拜訪以前在三重貴格教會的彭牧師和師母。（右一、二）

張守玉回台灣時，和父母親大伯母弟妹們在三重老家門口留下一張可貴的全家照。

這是小妹秀萍和夫婿的結婚照，父母親很開心。

父母親回山東日照省親時，見到家鄉的變化發展和他五十多年前已完全不一樣了。

父母親和親戚在日照港邊碼頭參觀。

回日照石臼所，張守玉和所有的表哥表弟堂兄堂弟等親戚大團圓照。

日照石臼燈塔
此燈塔又名成章燈塔，
爲昔日山東航業鉅子
賀仁菴先生
於西元一九三零年興建
一九三三年興建完成。
塔高13.7米
座標爲北緯32°22'54"
東經119°33'24"
光程達14海哩

日照石臼燈塔，又名成章燈塔，為山東航業鉅子賀仁菴先生於1930年到1933年所建造完成的。塔高13.7米。（賀郁芬提供）

老家山庄入口漂亮整齊的房舍。

日照港展覽館
RIZHAO PORT

參觀日照港展覽館。

回鄉與七舅媽二姨媽相見，這是第一次和他們相見。

和日照的表哥表弟及堂弟們相聚，很難得，雖然沒見過面，但親情依然流露。左起住在上海的堂弟張守義、三表哥高春長及夫人、大連來的表哥司錫連、 張守玉、和住在上海的堂弟張守偉。

海峽兩地表兄弟堂兄弟相見排排站，由左起第一排高松長、司錫連、高春長、高玉長；後排左起張守偉、張守玉、高海長、張守義。

建中導師王亞春老師（左二）是一位令人難忘的好老師。建中畢業同學會她還以九十高齡遠從澳洲搭機來參加。

張守玉和妻子在美國參加大學同學畢業35周年同學會。

建中畢業同學會，同學和家眷們都非常踴躍參加，一起回憶幾十年前同窗共度好時光。

除了右二的賀郁芬小姐沒有住過懷魯新村外，其他由左至右，宋幹民先生的公子宋廣齊老師、張守玉、張守任、孫慧真女士，都曾在懷魯新村居住過。

山東日照耆老宋幹民先生（左）於2005年接受舒瑞利先生訪談的歷史紀念照。（張玲菁小姐攝影提供）

推薦序一

明鏡止水鑑照真心

提起守玉兄，當年在建中時，我對他的第一印象是他的制服燙得畢挺、皮鞋總是班上擦得最亮。熟識這麼多年，我從來不曉得他成長的背景，在建中十班同窗的日子裡，他也從未表露出辛苦的家庭經濟狀況。閱讀《茱萸花——三輪車伕之子到留美博士的家族顛沛流離奮鬥史》，知道他對自己的境遇不卑不亢，未曾讓成長的磨難成為遇事裹足不前的理由，更加令我欽佩。

艱難困苦是我們那個時代深刻的標記。在那個環境中成長的我們，從小就體會到生活必須靠自己不斷努力打拼，並了解到未來只能靠自己掌握。我們的長輩以及許多純樸認真的百姓，在無可選擇的歷史洪流中，被迫經歷顛沛流離，在終於覓得一方安穩之地時，便兢兢業業、胼手胝足地與新環境融合，更教誨子女上進，盼能從此安身立命。

帶著這個印記的我們有著深淺不一的體會。我在初中時家逢巨變，人顯得內向安靜並與人疏離，大學時和守玉兄同樣經歷過靠家教打工賺取學費及生活費的日子。守玉兄說我人際溝通關係好，其實是在困頓中觀察到社會各階層的人際行為，在挫折中摸索出溝通的有效管道，並學習到以不同的方式來應對不同的環境與對象。高二時我多方嘗試與同學互動，也因為好動好玩的本性，參加許多球類活動，甚至為了運動會的慶功宴，還抱了顆大西瓜就在講台上切起來與大夥兒分享。過去種種雖多屬年少玩鬧，卻使友誼從此生根萌芽，成為我們生命中最酣暢、回想起來忍不住綻放會心微笑的一幕。歷歷往事正如詩經小雅的這句「嚶其鳴矣，求其友聲」，最能貼切反映我與守玉兄及建中十班同學的深切情誼。

守玉兄以誠待人，重感情又慷慨。從幾件事情可以看得出來：他與嫂子龐靜鶼鰈情深，一路相互扶持，在最後一段「牽手」的路上更並肩與癌症搏鬥，嫂子辭世後仍以她的名字做為 email 帳號來紀念她；而我在伊利諾大學完成博士學位之際，他得知我將前往西北大學任教，便介紹了他北卡的同學，當時已經在西北大學醫學院任職的劉江教授給我認識，成為一輩子的好友。我曾邀請守玉兄到中興大學演講，他不但未領取演講費，還捐款給學校作為清寒學生的獎學金。

本書是一場尋根之旅。守玉兄藉此書之文字絮絮，將生命中細微繁瑣最難訴說之處，及無常反復令人感到人生如夢的場景，以懇切真摯態度自然流露，引人逐字細讀。他在宏偉的高度下，透過敘述長輩飄零遷移的歷史及自身學思歷程來重新定位自己，另一方面在回顧人生旅程的不同風景時，散發出真心付出與無私助人的芳香。原是支持我們一路向前邁步的初衷，卻也讓我回頭感受到建中導師王亞春女士「以誠心待人、盡全力做事」的教誨。

守玉兄藉著譜寫祖母及父母掙扎於歷史巨輪的故事，體會到家庭的價值；在堂哥的奮鬥中，明白要靠自己開創命運；在虔敬的信仰中學會自愛愛人；牧師與師母的身教，引導他欣賞人生的光明面，終生受用繞樑不止。他一路勤學苦讀，終於在異地他鄉綻放出傲人美麗的花朵；他誠信又樂於助人的個性，使同儕好友由一時的際遇相逢，淬鍊出綿延將近半個世紀的誠摯友誼；他在不捨愛妻的深厚感情裡，了解到生命的無常與健康的可貴。

《茱萸花——三輪車伕之子到留美博士的家族顛沛流離奮鬥史》像一面明鏡，藉由一個家族的紀實讓人深刻反思，無論身處什麼環境，真正重要的是：盡一己之力去幫助更多需要幫助的人，珍惜所愛，讓美好的價值能夠一直傳承下去。

中興大學校長李德財於台中

二〇一四年五月十五日

推薦序二

澆灌一株美麗的家族樹

我和張守玉博士都曾住過基隆的光華巷，他家很早就搬離了，所以我們彼此並不相識。和他第一次見面，是透過山東日照航運鉅子賀仁菴小女兒賀郁芬小姐介紹的。

印象中，我曾經去過張博士在三重的家裡。我還記得那年父親經商失敗，我不得不從基隆高中輟學，來幫助家計。聽鄉親們提起，張家在三重做棉襖生意，因為母親不識字，就由我抄寫好地址帶著母親遠從基隆到三重去找他們。記得他家在三重埔靠淡水河邊一個七拐八彎的巷子裡，他父母親人非常客氣，知道我們家遇到經濟上的困難，二話不說就批棉襖給母親去販售，還把一些多餘的零碎花布免費送給母親，母親就用這些零星花布手製出各式各樣娃娃鞋，到基隆車站附近販售，貼補家用。那段日子想起來都很辛酸，不過我非常感謝他父母在那個時期的資助之恩。

本書有一部分是寫一九四九年山東日照人逃難來台，定居光華巷「懷魯新村」的故事。雖然我是在台灣出生，沒有趕上那段顛沛流離的逃難的日子，但是從小聽街坊鄰居伯叔嬸們談論那段生活，大有身歷其境的感覺。他們一到晚上吃完晚飯，大家就在窄窄的巷弄內「砍大山」（聊天），我們這群小孩子各個聽得津津有味。對於國共內鬥，蔣介石撤退，山東省政府播遷來台，其中的恩怨情仇故事，我們幾乎如數家珍，每一個人都變成史學家一樣。

在「懷魯新村」那段困苦的年代裡，每一家都在「比窮」。但是每一家的孩子們又非常爭氣，沒有燈光，就站在路燈下念書；吃不飽，就餓著肚子，倒頭睡去。但是每一家父母親對孩子都有「望子成龍鳳」很高的期許。就我所知很多孩子從光華巷出來都成就非凡，張博士應該是光華巷第一位博士，讓我們倍感與有榮焉。

此書以平實的手法，寫出那個年代人們相互間的交往完全是「誠信、道義」，而每一家成員都恪守父慈子孝兄友弟恭的傳統家訓，讓我在回顧父母親那個逝去的年代中，有這份心有戚戚焉的感動。這也是我後來經營典精品生意時，一直秉持著這份重誠信講道義原則；而我們家中兄弟姊妹的手足情誼，和張博士家相同，對家族間情誼的維繫都很注重，每周一定家族聚會，我想山東人受孔儒思想影響是有很大關係的。母親一直到她以九十八歲高齡過世，幾十年來都和我同住，我經常想能有機會伴在父母親身旁幾十年，這不也是一種緣份嗎？

由於我工作關係，生活中幾乎和老東西有關。每當我撫摸著或探究著一個擁有上百年歷史的玉器珍品時，都深信每一件珍寶背後，都有一段可歌可泣的動人故事。而懷魯之子，當他們在年少時，目標遠大、胸懷天下，所擁有的是狂飆之氣；到了青壯年時，敢行敢創新，所懷抱的是闖蕩的膽識之氣！就因為年輕時能夠勇於嘗試沒有畏懼，到了中年之後自然能無怨無悔。這種執著可稱之為一份愛，張博士是一位敦厚樸實又深重感情的人，能將他家族在大江大海中的飄零故事，以愛的角度寫出來是很難得的。

而我也深信每一個家庭在成長發展的過程中，父母親的身教、言教、家教及價值觀都讓子女在成長的過程中，留下深刻的印象，這些都是一種傳承。不同的家庭，不同的經歷，自然會形塑出不同的家庭觀念。家族史，能讓下一代從中了解家族故事的來由，這是件非常有意義的事。

一株美麗的家族樹，需要每一個家族成員共同來澆灌。藉此書拋磚引玉，希望大家也一塊來寫自己的家族史。

大千典精品秦嗣林於台北

二〇一四年四月二十六日

自序

做個讓愛周轉出去的人

《艾麗絲夢遊奇境記》的作者 Lewis Carrol 曾說過：「說故事是一種送禮的行為。」來美多年，能有這點些微的成就，我一直非常感謝我的父母親。我的父母親都不識字，一介平民，沒有任何的社經地位，但是我們六個孩子都受到父母來自山東日照原鄉人特有的刻苦耐勞純樸身教的影響，吃苦奮進，以讀書作為貧窮孩子翻身的進階石。

二〇〇四年底父親車禍意外喪生，在返台奔喪的機上，不斷的思念著父親對我的愛和我對他由衷的感恩情懷，內心忽然湧起一股聲音，要將父親如何辛苦為兒女不求回報付出的點滴，用文字書寫出來，作為感謝父母親浩大親恩的回饋與思念，這是我最早想寫書的初衷。然而，總是在等機會成熟，再提筆寫的託辭下，讓寫書的念頭在朝思夢想的空轉下，終將無法付諸實行過。

二〇一一年搭機返台參加母親的喪禮，接著結縭三十多年的妻子罹癌，和她一塊抗癌，可惜妻子在飽受三個多月的病痛折磨後，也撒手人寰。短短七年間，我三位親密關係的親人，竟然相繼悄然消亡，這才讓我驚覺到生命的脆弱與無奈，我竟然連對他們表達真摯愛意的機會，都將隨著他們的故世，化為烏有。

名作家羅伯．寇爾斯（Robert Coles）曾說：「故事是整理經驗的典式。每個人都帶著故事來到這個世界，……認真把自己的故事說給別人聽，或認真聽人家說故事，都是對人最大的尊重。」

為了不要讓自己的人生留下遺憾，我決定將我生命中影響我最深的祖母、父母親走過的顛沛流離的年代，和發生在我求學讀書時影響我人生方向的師長、同學及和我一塊相互扶持的妻子等周遭充滿愛的故事寫出來。

多年來我美國、台灣、大陸參加過多次中美環境科技論壇會議，串起海峽兩岸環境保護唇齒相依的觀念，路過山東多次，幾乎從未想過要返鄉探看祖母、父母親的原生故鄉。然而，為了寫此書，我決定先從父母親的原鄉日照開始尋根。這才發現日照原鄉和我居住的北卡GREENSBORO市，竟然是在同一緯度上，在東半球的日照，位於北緯三十四度、東經一一四度，而西半球的北卡則是位於北緯三三．五至三六．三五度，東經七五．二八至八四．一九度；兩地氣候相同，都在靠海之濱，同屬海洋型大陸性氣候，一年四季分明。兩地東西方相遇，或許是巧合亦或許是那份故鄉緣分的牽引吧！

從原鄉親人口中，回顧祖母和父母親在家鄉的苦難生活，刻劃出中國人那個螻蟻偷生的無奈年代；從基隆「懷魯新村」聯誼會同鄉們的指引口述中，沿著一九四九年前後祖母和父母親從日照、上海、舟山群島、基隆逃難的路徑，有如親眼目睹這一群由日照家鄉扶老攜幼逃難來台的鄉人，這些名不見經傳的平民百姓，他們在大江大海歷史的長流中，一椿椿悲歡離合的人生故事，在精采的敘述中，雖然每一家顛沛流離的故事不同，但是可確定的這些都是鄉人們用血淚換來的切膚之痛吧！

從他們詼諧言談中含著淚水的瑣細生活中的故事裡，我深深體會出父母親和日照鄉親真實地建構出，山東人頂天立地吃苦的耐操生活原貌；也讓我發現到那個年代裡特有的奮鬥力爭上游的生活感覺，及鄉親們共患難相扶持的感人面貌。

雖是普通平民的大江大海故事，但是卻是最真實的，「懷魯新村」的故事，在主流國府的逃難故事中，這群人完全是平民百姓，是被摒棄無法上岸的，但是其中的曲折離奇故事，是在寫此書中最大的收穫。

有人常說：「人親土親一家親」我何其有幸？三重埔，這個充滿包容力，全台最多移民的城市，成為我和父母親的第二故鄉。父母親從一九五三年在此地居住一直到他們終老故去，一共住了六十多年，比他們出生的山東日照，還要長久。而我從五歲搬來這裡一直到我出國，我的童年、少年、青年期二十多年的成長歲月，都和三重有著息息相關的緣分。

雖然我居住的三重埔泉州街可以稱得上是陋巷，但是住在這裏的人，有閩南人、原住民、客家人和一大票在一九四九年從大陸播遷來台的各省分人士，可以稱之為東西南北人共居的地方。儘管語言不同，生活習俗不一，但不分台灣人、外省人，我們都能在彼此的協調融合中，找到各自安身立命共通處。

在我的憶舊遊中，讓大家感受到五〇年代這個全省最大移民小鎮上的生活風貌及其相互間的包容力，更體現出唐朝劉禹錫陋室銘：「山不在高，有仙則名，水不在深，有龍則靈。斯是陋室，惟吾德馨。——何陋之有？」

此外，在那個尚屬於反共抗俄的年代，青年人愛國愛家的心情寫照，及當年逃難來台的優秀師長，對學子諄諄善誘教誨的師生關係。在那個遠邈的時代，「一日為師，終生為父」的可貴價值觀，所造就出來的人才，讓今天我所有同學都能成為社會國家的頂尖人才，師生間愛的情誼，令人動容。

至於，書中所敘述的妻子罹癌，是我一生中最大的遺憾。但是妻子在面對死亡的勇敢，和她堅強的求生意志力；及在安寧病房中，和她共同與死神的拔河賽中，她一路的坦然從容，令人佩服。看見她在病危中，始終對家庭、兒女、親人、朋友盡心的關懷與不捨，及在病中唯一的小小願望，希望能有機會坐起來，全家一起共餐，然而至死她都無法達成。我想對很多面臨親人病痛摧折，共同抗癌的家庭來說：可以引起一點共鳴。

在我的生命故事中，有幸能擁有許多人愛的鼓勵，讓我在一個拉三輪車伕之子的家庭背景下成長，能夠不卑不亢，不氣餒。雖然人生有高高低低，但我憑藉著這份愛，勇敢的面對挫折，面對貧困，面對不公不義的一切。因為這份愛，我學會寬容，學會盡其所能，幫助更多需要幫助的人。

藉著此書，傳述一份無私的愛，讓更多的人能找回一顆赤子之心，珍惜你所愛的。

當科技發達到無遠弗屆的此時，身為人的那份愛的良知，才是最為可貴的。當冰冷的科技登峰造極之至時，如果缺少對人的愛，這世界還有甚麼事是值得我們付出的呢？

珍惜身邊所擁有的一切，「當愛來時，要即時說謝謝。」莫到「樹欲靜而風不止，子欲養而親不在。」的遺憾。近年，每當讀到王維的那首「九月九日憶山東兄弟」一詩時，「獨在異鄉為異客，每逢佳節倍思親，遙知兄弟登高處，遍插茱萸少一人。」那種經歷過生離死別之痛的感覺就格外深刻。

而此詩中，所提到的茱萸花，和北卡羅來納州州花——Dogwood，竟然是同一科別，在美國此花直譯為「狗木」或稱四照花、花水木。此花樹的特點是樹形妖嬌婀娜，盛開時花朵繁密，遠遠望去，只見花來不見樹。尤其在初春一片蕭索中，蔚藍的晴空下，習習涼風吹來，一株株粉紅色、白色盛開的 Dogwood 花樹，以超炫奪目的花影，在街道兩旁迎風挺立，彷彿向世間人敘述著：「春天將來，大地充滿一片希望生機。」大有見花如見故鄉人來的欣慰。

從父親的踩踏三輪車的人生裡，我學習到他一步一腳印的執著；從他對子女不擅言詞的愛的表現中，我看到愛需要學習、需要傳揚。

雪白成串的茱萸花開了，代表著一縷縷思親的季候來了，那個訊息告訴大家，請即時擁抱你身邊所愛的人，並請大家在感動之餘，將這份可貴的愛周轉出去吧！

張守玉於北卡

二〇一四年五月二十日

目錄 CONTENTS

第二部 台灣篇

第三章 童年 成長的流金歲月

第六章 殤逝 與你同行抗癌路

第一部　大陸篇

第一章　鄉親

暮然回首來時路

1 俺的家鄉在日照

親情、愛情、友情……，都是人世間必會經歷到的萬種情，尤其是親情，無私偉大而無處不在，時時溫暖著人們的心田。而鄉情更是催人老，所謂「嶺外音書絕，經冬復歷春。近鄉情更怯，不敢問來人。」更是道盡了離鄉遊子對家鄉親人的矛盾思念之情。

我是一九四八年農曆八月出生在上海，在我襁褓中就跟隨著祖母、父母、大伯一家人，遠從山東日照石臼所、到連雲港一路奔逃到上海、舟山群島，並搭海輪，漂洋過海到海峽的這一邊台灣基隆，這是一個父母親從未想過會來的地方。他們只是和那個時代裡千千萬萬的中國人一樣，共同經歷到中國人脫離滿清統治，成立新中國民主國家後的另一場大劫難。

一九四九年國共內戰，狼煙四起，為了逃離戰禍，尋找安身立命的淨土，導致全中國有二百多萬人口被迫遠別家鄉，翻山越嶺、扶老攜幼，這也是中國人在廿世紀初期，從八年抗日戰爭後，遭遇到另一場徹底的從北到南的一次大遷移。

這是一場悲慘的戰爭，大江大海中有多少家庭分奔離析？有多少人妻離子散？又有多少可歌可泣不為人知的故事一幕幕上映著呢？

「家住山東在山東，高粱煎餅捲大蔥。」山東日照是我父母的原鄉，過去我從不曾回去過，但是從小到大，經常聽父母親談起他們的山東老家，而且家裡也經常有一些未婚的父執輩老鄉來聊故鄉事，或是一九四九年逃難的悲慘遭遇。最讓我印象深刻的是，每當父親聊到故鄉的人事物時，那份對家鄉濃郁的鄉愁……就像是在硯台上磨墨，怎麼都研不開的墨色味，瀰漫在我心頭，久久化不開。

長大要孝順「達達」

還記得小時候父親洗澡時，我經常幫他擦背，當時我年約七八歲，父親靠拉三輪車維生，每天拉車回家都汗流浹背，非常辛苦，一進門，他第一個叫喚的人就是我，我是家中的長子，長我幾歲的兩個哥哥在逃難時，都生病早夭了。父親他喜歡在炎熱的夏天裡，脫下衣服坐在一個木頭編製的澡盆中沖涼，因為背部他自己無法刷洗到，就由我幫他擦洗。他身材短小精幹，結實的背肌，在我用力的擦拭下，一條條紅色的擦痕，醒目地顯現在父親的背上。這個時候嬤嬤（我們山東人稱呼祖母為嬤嬤），都會很開心地誇獎我：「玉孩，你長大了要孝順達達（山東人稱爸爸）啊！」而我從小口就很拙，母親經常教我看見叔叔伯伯嬸嬸來家裡時，都要跟人打招呼，但我都很羞澀地躲在一旁；但是母親是我最親近的一個人，我經常喜歡躲進她的懷抱裡，並黏著她聲聲呼叫著：「娘、娘（山東人對媽媽的稱呼）！」她似乎每聽到我對她的叫喚聲，都流露出一種無法言喻的安慰與歡喜，這種感覺一直到我長大離家出國多年，只要我在遠洋電話中呼喊：「娘！娘！」時，她都依然還會流露出自幼以來對我的心喜。「你很乖，將來一定要孝順達達。」這是我在年幼時經常被母親灌輸孝順的觀念，多年後，我才發現這是山東人「繼孔孟儒學，百善孝為先。」的傳統觀念，從小就開始從孝悌觀念作潛移默化的教導學習。

父親平時話不多，但是當他要告訴我遠在山東半島南端，黃海西岸，一個出產青鹽的日照故鄉的種種時，他的話就像打開的匣子般，怎麼也關不上了。

「要記住俺是山東人。」小時候，爸爸經常操著那一口山東腔的鄉音，不斷地告訴我不要忘記祖先來的地方。離開台灣到美國三十多年，記憶中父親熟悉親切的鄉音，和那份綿延不縷的父子深情，和故鄉日照的聯想，總教我在夢中時時迴盪不已。

太陽照見的地方

日照，一個「太陽照見的地方」，這裡在夏、商時期屬於東夷，到了西周、戰國前期則屬於莒國；到了西漢時期，才設置海曲縣，所以「日照縣」也有人稱之為「海曲縣」；東漢時期改為西海縣，到三國魏時才廢止；北宋元祐二年（一〇八七年）設立日照鎮，隸屬於莒縣。之所以有「日照」這麼個美麗的名字，是因為這地方位於黃海之濱，面朝東方取「日出初光先照」之意而得名。

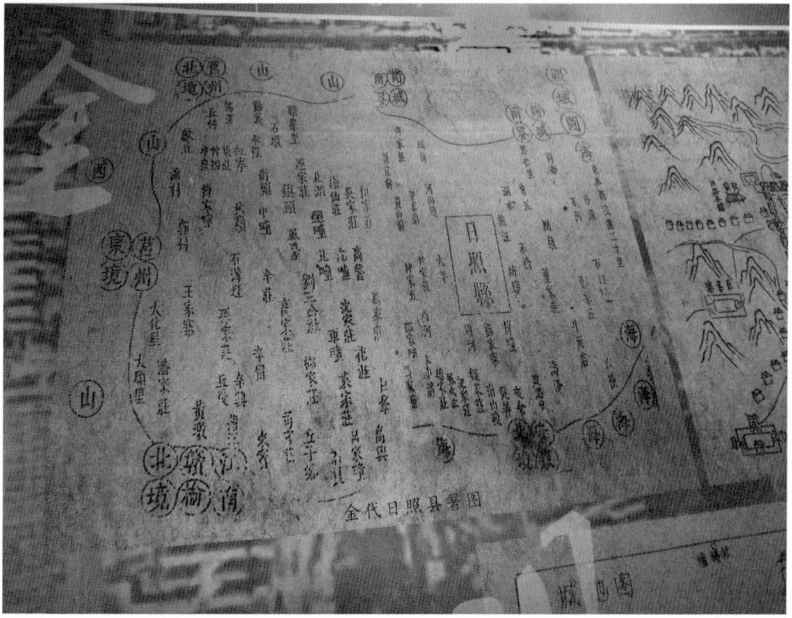

日照古城地圖

　　而這裡也是世界五大太陽古文明國城市之一，與埃及、印度、亞美索不達米亞平原、南美祕魯馬雅文化齊名。根據中國大陸考古專家對山東日照的堯王城遺址出土的城址、圖象文字和青銅冶煉的銅渣的研究發現，證實了日照是中國遠古太陽文化起源地，也是一個強大的崇拜太陽神的文明古國。《山海經》和《尚書．堯典》中記載的中國遠古先民（羲和）祭祀太陽神的湯谷，就在日照地區。因此，現在來到日照市區廣場上，隨處都可以看見一隻隻太陽鳥的市標，就是由此典故而來的。

　　日照的歷史比任何一座城市都要悠久，我們從小在歷史課本上熟知的「龍山黑陶文化」就是在日照市莒縣出土的歷史遺址上，證實人類開始使用黑陶的紀錄是在新石器時代末期，這種陶器呈現黑色，薄如蛋殼，聲如磬，是很難得的瑰寶。據了解後來又陸續挖掘出更多舊石器時代遺址，證明在五千年前已有人類在日照濱海濱河高地生活過。

台灣故宮博物院所藏的「東海峪」出土的玉圭，就是龍山文化遺址的一部分，這片玉圭的歷史大約距今也已有四千八百年了。目前全世界最早的人類使用陶器遺址就在這兒。

由於日照地區地靈人傑，從古至今孕育出不少頗負盛名影響當代的名人大儒，如西周開國功臣姜子牙，魏晉南北朝文學評論家又是《文心雕龍》一書的作者劉勰，及近代名聞中外得過一九七六年諾貝爾物理學獎的丁肇中博士，海峽兩岸有名的企業家尹衍樑先生，和台灣知名建築教育學者漢寶德教授，他們都是日照人。

此外，日照市有其特殊的地理位置，它位於東經118°35'、—119°39'、北緯35°04'、—36°02'、之間。地處山東半島南端，東臨黃海，隔海與日本、韓國遙遙相對，西接大陸內地諸省，北邊緊鄰青島市，南邊與江蘇連雲港相連。總面積五三一〇平方公里，人口將近三百萬。

日照是一個山明水秀的地方，地勢為依山傍海，西部群山起伏，東部平原居多。境內地貌類型多樣，有平原、山丘、水域、濕地、海洋等豐富多樣的自然景觀。

最高峰為嶠子山，海拔三五六・九米，大小河流三十三條，遍布全境，並東流入黃海。

這裡的氣候屬於暖溫帶濕潤季風區的大陸性氣候，四季分明，氣候溫和，由於飽受海洋的調節，和同緯度的內陸地區相比，這裡的夏天沒有酷暑，冬天沒有嚴寒，是一個最適合人居住的地方。

對應家鄉親人所形容的，「從秋季起到隔年開春這裡幾乎是沒有降雨，如果在冬天，從高山上遠眺家鄉大地，遠遠地可以看見，沿著日照主要水源供應的日照水庫的灌溉渠道，該庫水容量達二・五億立方米，蜿蜒曲折將近四十公里外，還可見到水庫灌溉的麥田是綠油油的一片，及渠道兩側所種植的蘋果、梨子果樹園外，其他地方都是一片壯觀的枯黃。」像梵谷所畫的大地般，絢麗多彩開闊，景觀奇偉。

家鄉變成環保城

當我在近幾年遭遇到親人陸續殤逝後，忽然有一股力量敦促我，應該專程回到父母親經常提說的原鄉去看看，透過山東日照同鄉會閻正章秘書長和日照對台辦李羅羅主任的聯繫與安排下，在一個盛夏的季節裡，當飛機在青島流亭機場降落，搭上往日照的專車時，「我終於踏上父母親的來時路了！」一種近鄉情怯的心情，令我悸動不已。然而更讓我驚奇訝異的，竟然發現山東省是中國發展太陽能發電最成功的省份，而日照市更是積極發展太陽能產業的城市之一。

我本身是學土木工程的，在念研究所時，因為天性喜好自然，對結構工程、土壤工程等科目並不感興趣，而選擇了當時在四十多年前根本還沒有環保觀念，而且又非常冷門的衛生工程科系。隨著台灣經濟起飛，環保觀念逐漸成熟，衛生工程科系在概念上較狹隘，之後擴充為與環境保護有關的環境工程系，這個科系和國土規劃、公共工程建設、大型工業區、河川整理、家庭廢水、下水道、給排水工程、淨水工程、污水處理、空氣污染、垃圾處理等等工程——都有很大的關係。當時的冷門系所，至今當全球環保節能省碳觀念高漲時，卻已成為相當熱門的專門學科了。

因為我的學術專長在環境系統分析與規劃水質模式，及固體廢棄物處理。本身我又主持過許多學術研究計畫，並培養了幾十位研究生。在教育與研究之外，我也很熱衷於環保工程學會及政府環保機構的服務，關心環保與科技的應用是我的所長，但是我萬萬沒想到父母親的家鄉已是一座名聞遐邇的環保「太陽能之城」。

當我隨著對台辦主任李羅羅先生的指引下，踏入一棟大門前巍峨矗立著一塊巨大的「聯合國人居獎」獎盃的「城市規劃展覽館」內，我在接待員的詳實介紹下，充分地對該館陳列著日照的過去與未來，有著深厚的了解。

從二〇〇一年起，中國政府已積極鼓勵，在城市規畫中發展和應用可再生的能源。多年來日照市秉持著生態建市的理念，大力發展可持續經濟，開展環境綜合整治，推行可再生能源利用，在中國已經是一個具有非常顯著成效的環保城市。而且也由於日照市的天然

參觀城市規劃展覽館，認識日照的過去現在和未來。

日照有聯合國人居獎的美譽。

地理環境，每年日照的時間可以長達兩百七十天。因此民用建築太陽能的利用率竟然高達九成以上，這是非常難得的成果。

根據了解日照政府為了幫助當地企業使太陽能光伏電池板等設備能夠以統一的合理價格進入當地市場，不斷的在各方面提供企業主進行各種技術的開發和研究，以提高效率並降低成本，讓家家戶戶都能使用太陽能。

為推動太陽能板使用率，當地政府是以法規形式來要求新建築物都必須安裝太陽能設備，並透過各種傳媒體、社區推廣班等管道來宣傳、推廣，以說服居民能夠使用這些設備。還規定一些公共機構和企業主必須為員工提供免費的安裝。街道上和公園路燈也都用太陽能板發電，每一年為政府單位省下不少電費。

如此大量減少煤炭使用率，導致這個地方每年的二氧化碳的排放量減少了五萬公噸。日照市於是

日照市美麗的街景

成為中國空氣質量最好的十座城市之一，在二〇〇七年還獲得首屆「世界清潔能源獎」，二〇〇九年又因出色的人居環境和生態環境規畫，而獲得「聯合國世界人居獎」的殊榮。而該城市大規模化應用太陽能發展電能，成為各城市走向「綠色發展」的模範指標代表。

早晚一炷香莫忘祖

當我走在「全中國最美麗的濱海城市」日照長達六十五公里的濱海沙灘上，一望無際沙質細如麵粉的「金沙灘」時；當我遠望由一條條蜿蜒綿長的河道和引海水闢建成的河道區，上面是奧林匹克風帆訓練基地，也是端午節賽龍舟的場地時，映照著一片藍天碧海，多麼令人心曠神怡，不禁讚嘆起父母親生長的家鄉。

然而，遙想一甲子之前，這裡還只不過是一個貧窮的小漁村，人們終年胼手胝足，千辛萬苦的過日子，再加上兵荒馬亂之時，日子的難過還得過的痛苦，可想而知。

儘管日照市的改變，距離父母親出走逃離的那一年，已是事隔一甲子多了，物換星移，滄海桑田，景物全非，然而它的季候變化依序而行，日昇日落，春去冬來，而我一個天涯海外遊子，從父母親的原鄉出走，前往台灣避難，落居此地成長求學，而成為我生命中的第二原鄉，當我遠赴美國學習發展創業，一晃眼卅多年，人生究竟有多少個三十年呢？

「俺的家鄉在日照」我記起父親經常對我說的話，要時時感謝父母恩情，飲水當思源，不要忘記祖先所在的地方。不禁也讓我憶起戰國時代楚考烈王時令尹春申君黃歇的〈送子行〉詩：

駿馬同堂兮赴異邦，任從勝地兮立綱常；
身居外境兮猶吾境，家住他鄉兮即故鄉；
朝夕莫忘兮親命語，晨昏須薦兮祖宗香；
根深葉茂兮同麻慶，有志兒女兮當自強。

這首詩是黃氏祖先鼓勵他們的後代子子孫孫在遠別家鄉出外打拼時，一定要自立自強。人在他鄉時就當做在自己的家鄉，告訴子孫要入鄉隨俗，才能在異邦有所成就。人要能飲水思源，不忘記祖先父母的諄諄告誡，早晚一炷香，感謝天地大德，自然就能有好的福報。

朝夕莫忘親命語，到了一定年齡時，才格外感觸良多。為此，我也經常以這些話告訴我的子女：「山東日照是我父母親的原鄉，台灣是我成長求學的故鄉，而美國是我成就發展學習的地方。我能為這些地方貢獻所學，乃此生最大的心願。也是我生命中最值得做的一件事。」

2 開織布廠的嬤嬤

我的祖母張黃玉華相當能幹，山東人稱祖母為嬤嬤，所以從小我都習慣喊她：「嬤嬤！」她出生在晚清末年，來台灣時，大約五十多歲，長長的臉蛋，細長的眼睛，炯炯有神，有著一股不服輸的氣度，她的脾氣相當溫和有耐性，又非常平易近人。

一頭烏黑亮潔的頭髮，總是挽著一個髮髻在腦勺後，每天她都會梳理得整整齊齊，才會出房門。夏天她喜歡在髮髻邊插上一朵梔子花，遠遠走來就先聞到祖母髮髻上的鮮花香味。她的手非常巧，她從田裡摘一種很大的闊葉子，洗乾淨用布擦拭乾後，將葉子捲成像一條條的繩索般，再一圈圈圈起來，作成一個圓圓的「蓋頂」（俗稱圓盤），非常漂亮，包水餃下鍋前，可以拿來擺放水餃。

年節時她會用揉和好的麵，以手捏成一隻隻小動物的形狀，放入蒸籠上蒸，等出籠時，一隻隻栩栩如生的小動物，讓我跟弟妹們好開心，一直嚷著：「嬤嬤，我還要一隻。」

她纏著一雙三吋小腳，走起路來，一搖一晃還挺能走的。七、八十歲時，她可以從新北市的三重家裡搭公車到台北車站，轉往基隆的火車到基隆車站，再搭一趟公車，沿著基隆港邊，到東明路肥料廠，即現在的豪鼎飯店一帶，再到光華巷站下車，然後走到懷魯新村，探望山東日照來的老鄉。那是一段非常遠的路，可是我的祖母竟然可以獨自一人，不須人陪伴攙扶去串門子訪友。

有金頭腦的嬤嬤

我的堂哥張守任大我十歲，他是祖母最疼愛的長孫。從他有記憶以來，就跟著祖母長大，家中大人都外出討生活，就留下他給祖母做伴。生活拮据窮困，記憶深刻的一次是，「當共產黨來家裡時，拿了一大把紅色鮮豔的甜蘿蔔，要跟我換東西，這麼香甜的紅蘿蔔，是我從來沒有看過，也沒吃過的。當時直覺得好稀罕，這東西怎麼這麼好吃呢！」

回憶起祖母為了討生活的膽識，堂哥張守任印象深刻地說：「我記得小時候為了生活，跟著老奶奶到青島去，那兒有山坡林地，可以撿拾一些柴火，到鎮上去賣賺些錢。半路上，看見當地美軍駐紮的營房，當地小孩子竟然膽大到跑進軍營中去偷東西，不但偷了不趕快跑，還很貪心地把偷到的東西全部往外面丟，讓外面的小孩拼命撿，他們一點也不擔心營區內荷槍實彈的官兵會追來，也許還會開槍呢。」當時祖母很鎮定的拍拍堂哥胸口哄著他不要怕，只是這一幕讓堂哥很感慨，在那個窮困討生活的年代，為了生存連小孩子都可以完全不顧生命不怕死。

「我的祖母真是個金頭腦呢！」堂哥張守任才說完祖母的膽識，又提起祖母的聰明度，他說：「我奶奶雖然不識字，但是她頭腦很清晰，有人問她，一斤豬肉廿元，七兩肉要多少錢？她馬上就能算出多少錢來，而且還很準確，這種能力一直到她來台灣，都六、七十多歲時腦筋都還很會算耶！」

庄裡第一家織布廠

年輕時的祖母很辛苦，來自上海的堂弟張守義說：「民國二十幾年，還是一個很封建的年代，原本爺爺張立明在家鄉開油坊，老奶奶張黃玉華在家主持家務，一共生有四子二女，老大張傳美大伯，跟小叔和祖母一塊逃難來台灣，我們稱四大爺（按父執輩分的排行，山東人伯叔都以大爺作為尊稱，我們稱大伯為四大爺。）；老二張傳洛，稱五大爺，闖關東死在東北；老三張傳進，稱六大爺，我父親跟祖母逃難到上海後，就留在上海，沒有到台灣來，小叔張傳彩是最小的兒子，鄉人稱他為七大爺；另外兩個姊姊，大姑張傳蘭，二姑張玉蘭都留在日照家鄉。」

自從爺爺闖關東後，生死不明，諾大的一個家完全丟給祖母一個人去承擔，當年祖母拖著五個孩子，肚子裡還懷了一個孩子，就是我的父親，一家人受盡族人欺侮，都想要將祖母一家人趕走。但是格性好勝好強的祖母，完全不服輸。族人見祖母一個女人家，獨自帶了一大堆孩子，在日照山庄打拼，覺得張家門衰祚也薄了，極盡奚落欺辱；但是祖母為了能在村子裡立足下來，日夜拼命工作幹活。一個人肩挑起全家大小事務，原先在山庄

古老手工操作的紡紗機

古老手工操作的織布機

是開磨米廠，做油坊，後來靠做豆腐發了家。祖母有了一點錢，就陸續買地蓋房子。到今天大伯和父親從大陸帶來台灣的房地契，還有一大摞之多。

有一天祖母叫三伯父張傳進去放牛，三伯父看見鄉里有人家買機器來織布，賺了不少錢，連生活都改觀了，認為這是一個有潛力發展的事業，值得投資買機器來做。回家後吵著要祖母買織布機織布，祖母聽完三伯父的分析，當下就決定賣掉一塊地，買下一台半自動化的織布機，做起織布、賣布生意，為了因應每五天的市集，趕織布上市場販賣，連油坊做豆腐起家的熱門生意，也無暇兼顧，都停了下來，全心發展織布生意。

為了全家總動員，祖母讓才讀了一個月私塾的父親輟學，和三伯父在家裡負責織布，而大伯父和祖母就負責到市鎮上去推銷賣布。當時日照縣流行的織布都是斜紋布，而張家的織布機是很先進的機器，所織出來的布是雪白色的細緻白色洋布，不需要染色，很漂亮，市場價格很好，非常受歡迎。

之後，織布生意越做越大，陸續買了四台機器，當時在日照第一個有洋織布機的就是我們張家。幾個兄弟眾志一條心，就這樣張家在山庄開了第一家織布廠，讓鄉人紛紛刮目相看。

國共內戰時，祖母一家已成了小資產人家，為了避免共產黨的清鄉鬥爭，祖母不得不帶著家小逃難避禍去，而山庄的織布機，後來就由父親的姊夫將其中的一台織布機搬到石臼所去，結束了祖母「家庭手工藝」織洋布的偉大創業計畫。

嬤嬤家的大宅院

日照城關街道山庄村，是我父親的老家，也是我祖母一手創建的城堡。山庄村的聚落是在明代洪武二年間，一位楊姓人家開始在此地落戶，因他名為楊上山，故稱此地為山庄，後來陸續有鄭姓人家、安姓人家、王姓、張姓人家移居此地。當我們趨車去山庄老家時，沿路放眼四望，農村整齊的白牆紅瓦房舍，井然有序，每家門前都種有長豆、高粱、小麥、玉米、花生、地瓜，及綠油油的幾窪菜圃點綴其中，顯得農村景色的悠遊。

表哥高玉長介紹說：「山庄老屋早已拆掉了。十多年前老屋還在，只是當時已當做山庄大隊的辦公室，現在已拆建了，原址是老家，但已人事全非了。」站在一個陌生人家的大門口，表哥指著大門，證實這一棟在原址上建的高牆院落，就是當年祖母家的大屋。

雖然，山庄老家早已拆掉，但是根據我堂哥張守任兒時記憶，依稀仿見其原貌。堂哥用手描畫了一張房屋全覽圖輪廓，他表示，這是一間坐北朝南四合院落，跟北京四合院一樣，房子長數十米，土磚砌成的土牆，用的是山庄後山上的土，這種土黏性很好，適合做土牆用，這裡的泥土可以製做陶罐泥盤之用。

堂屋前是一條三米寬的大路，當時房子蓋在路邊，用房子做牆，以石頭為基座，上面

每戶人家在住家門口種植長荳、玉米等等。

背後的房舍原址就是張守玉父親的老家，也是嬤嬤家的大院落。

山庄整齊的巷弄。

是泥土做成的夯土堆砌成牆。屋頂則是鋪瓦，一般是有錢人家屋頂鋪瓦，沒錢人家屋頂鋪麥稈。土牆四周開有窗戶，沒有玻璃，而是以木條釘成條狀，上面貼上油紙就成一扇窗戶了。

入門有一道高高的門樓，一般都是開在邊上，大戶人家則開在正中間。這座門樓有兩扇大門，這兩塊大門板，堂哥依稀記得，「共產黨來的時候，還把兩扇大門板拆下來，當成床板，睡在屋外，並沒有進到家裡來，似乎是一種安民心不擾民的做法。」門樓前還有兩三落高的石階，進門樓需要拾階而上。

由門樓入內，映入眼前的是一間門朝北，共有五間正堂屋的大屋。由堂屋正中央的大門入屋內，兩邊各有兩間屋，可以住人；左邊角落有一間磨坊，是牲口拉石磨磨米麥的地方。堂哥張守任還記得磨坊裡有一頭蒙著眼睛的驢子，祖母每天會在石磨中放入大黃豆，讓驢子拉著磨轉大圈圈，不一會兒功夫，只見石磨中流出白花花的黃豆油來。

此外，據堂哥兒時記憶，他認為磨坊地底下可能埋藏有銀元，他說：「因為我常在這地方晃，大人正在挖地時，都會立刻揮手趕我走。」事後磨坊的地板上，也清楚看見有被挖起來的跡象，堂哥推測，「可能就是織布賺來的銀元埋藏處。為了逃難，就把銀元挖起來。」右邊角落有一間放著一口大灶，專做煎餅用的煎餅坊；而東西兩邊各有兩排廂房，東廂房是大屋，西廂房屋較小，南面房間則是置放織布機、紡織機的機械房，當工廠之用，通常是一部機器放在一間房內。四合院房，呈口字型，中間是一塊天井空地，空地邊

山庄家家戶戶都有這種土炕，利用大灶煮飯菜的餘火溫，以管道通到床鋪下，成為炕，冬天睡在炕上面，很暖和。

山庄老式的炕。

有一口大水池，據堂哥分析認為，「可能是現在所說的汙水池，傾倒汙水養肥料之用。」每年清理一次，做成肥料用。

幾間屋內還設有熱炕，據了解通常在北方，天冷時每一家屋內房間，都會準備一個熱炕，也就是睡床，這個熱炕的熱氣都是利用廚房燒菜、煮飯用的大灶餘火的餘溫，將管子通熱氣到這臥鋪上，晚上睡覺非常舒服，像是躺在暖氣房裡。每間屋都沒有廁所，一排好幾間的廁所都設在大院子的角落邊邊。

據鄉親高玉長表哥表示：「山庄這座設備完善的老房子，曾經在一九六〇年，文化大革命時，挖土機拆挖老屋中間空地院子時，挖出四塊四方形石碑來，上面還有周翰林題寫的字，經鑑定是宋代時期的石碑。相傳此屋是宋代北州翰林的房子，此埋碑處應該是每逢新年祭拜老祖的地方。石碑已搬遷到日照博物館去了。」

「喔！原來是翰林住過的寶地，怪不得張家孩子們各個會讀書，家業興盛發達。」隨行前來的鄉親們很開心的笑說著。

一雙小腳的生命力

祖母是一位生命力很強的人，到哪裡都有生存下來的本能。逃難到上海時，為了家小她可以不顧顏面，帶著七舅媽挨家挨戶去要飯，並將乞討來的食物分給剛剛生下我，還在坐月子的母親吃。

為了家計，她可以「窮則變，變則通」，記得有一次暑假我跟著祖母到三重家裡附近的田邊，那兒種了許多野生的梔子花，香氣四溢。祖母小心翼翼把花一朵朵摘下來，用清水沖洗乾淨，裝在籃子裡，拿到菜市場去兜售，賺一點零花錢，貼補家用。端午節要到了，她會包一些白水煮的粽子，向鄰居們甚至是經常來家裡的好同學推銷。

祖母在她幾個孫子中，除了最疼我的堂哥外，就是我了。當時弟妹都還未出生，我是唯一年齡最小的孩子，自然就把更多的心思放在我身上。住基隆時，我只去上過一個月的幼稚園，之後，全家就搬到台北縣三重鎮（現為新北市三重區）去了。

還記得，在幼稚園讀書時，老師很喜歡我，經常誇獎我，並分給我比其他同學多幾塊的餅乾。每次拿到餅乾，我都捨不得吃，會先放在口袋裡，等來接我放學的祖母來時，拿給她吃，祖母都會很開心的誇讚我：「玉孩，好聰明，要好好讀書呀！」

祖母一雙「勇健」的小腳，不但自己趴趴走，還能背著我去幼稚園上學，有一次，她一不小心竟然把我跟她一塊摔到一個大木桶裡。每次她講起這件事時，我們祖孫倆人總會哈哈大笑。

五歲時家還住在基隆懷魯新村，因為有新一村及新二村之分，接近半山上的屬於新一村，新二村在山腳下。我家住在新二村，祖母經常背著我山上山下來回奔波，為的是到每一個日照老鄉家裡去串門子。在這一批同船來台的鄉親裡，當時就屬祖母的年紀最大。鄉親們都把她視為族長，只要那一家發生甚麼大小事，或婆媳、兄弟間不愉快的事，都得找祖母來評評理，所以祖母經常會帶著我去每家聊天或做公親和事佬。

「做婆婆的不要太計較啦！女兒罵一罵，她不高興就回婆家去了，媳婦罵一罵，她明天早上還得起來為您做飯呢！就當自己的女兒，不是都沒事啦！」她就是用這種樂觀心寬的方式，來勸親戚們如何解決婆媳間的事。所以得到鄉親們的一致尊重。

日常生活中，祖母有很多的「堅持」，她從小訓練我要守規矩，到別人家要打招呼，「要說好話」，這是她的堅持。每當我傷心、難過時，就會趴在祖母的身上撒嬌，祖母總會用她那一口山東腔一個勁兒的安慰我：「玉孩，笑笑，哭多難看。」因此每當我遭遇到挫折時，我都想到祖母的話，總是一笑置之，樂觀進取的去面對，絕不會哭喪著臉。

小時候吃飯時，我老是將一些飯粒撒在桌上，這時，祖母總會要我將掉在桌子上的米飯夾起來吃掉，並皺著眉頭對我說：「玉孩兒，這些米飯是農夫辛苦栽種出來的，一粒米飯要從春天播種，夏天鋤草、施肥，秋天收割，再用機器將米穀打掉，才會有一粒粒的米粒，然後娘娘買回家蒸煮出來，才能成為一碗可以吃進嘴巴裡的飯。這是件很辛苦的事，我們要珍惜放入嘴巴裡的每一粒米呀。」聽了祖母一番話，知道糟蹋食物是不對的，便對祖母說：「嬤嬤，我下回再也不敢掉下米飯了。」祖母一面摸摸我的頭，一面笑開懷的模樣，至今還記得。

玉孩，吃過飯了沒？

回到家裡，發現父母親今天沒有去賣水餃，情況很不平常。母親對我說：「你嬤嬤今天下午去了。」事情來得太突然，我驚愕住，早上祖母還好好的，下午還曾去鄰居家逛了很久，不料在回家的路上，忽然東倒西歪，被兩位婦人扶住，喊來父親，背回祖母到家，不久，就與世長辭了。

我哭了，是悲哀也是憾恨，祖母一生沒過過好日子。父親很孝順，但是家裡太貧窮了。她一生辛勞父兼母職，養育伯父和父親，她能吃苦不怕操勞。她平時對我們的關心嘮叨，我們都不在意。如今她走了，再也喚不回祖母對我的愛護了。

這是我在一九六八年二月廿八日，十九歲時所寫的日記，我永遠都不會忘記這一年這一天的。

祖母的身體一向很健康，一生沒有任何病痛，她活了八十六歲，她過世那年，是我大一的時候。過世的那天早上，我正好在幫母親削蘿蔔皮，不小心將手指頭劃破了，流了好多血，祖母還說：「要慢慢弄，小心一點。」沒想到這是祖母對我說的最後一句話。

她的死也很戲劇化，她是去鄰居家聊天串門子，聊得很開心，準備回家休息。忽然覺得頭昏不適，由鄰居呼喚父親，揹扶著她返家，但是回到家的當天下午，一倒下沒多久就過世走了。

一九六八年，那時台灣還在蔣介石自一九五〇年三月一日復行視事後的廿年中，國家政策仍然以揭櫫「一年準備、二年反攻、三年掃蕩、五年成功」的反攻大陸口號宣傳及推動施政的重點主張。所以百姓生活非常困苦，我還記得那年家裡真的好窮，母親共生了八個小孩，去掉兩個哥哥早夭外，嗷嗷待哺的孩子就有六個之多，最小的弟弟才二歲多，我也才剛剛讀大一，學費都還張羅不出來。偏偏屋漏又逢連夜雨，祖母過世連棺材辦喪事的錢都籌不出來，一家人愁苦不已。幸好懷魯日照鄉親及鄰居們，聽到祖母過世消息，紛紛慷慨解囊。其實大家那時候都很窮，靠著這份雪中送炭的難得鄉情，才把祖母的身後事辦妥當，真是應了「窮人連死都死不起」的悲哀。然而，這也讓我看見鄉親們同船共渡的患難情誼。一直到多年後，留學海外只要回台灣，父親都會帶著我去探望這些過去幫助我們的鄉親老街坊們，一來是不忘故人恩情，二來是念舊敘情，這些都是我祖母耳提面命告訴我做人的基本美德。

祖母離開我們距今已四十多年了，墓地上的大樹早已成拱，但是祖母一口山東日照的口音：「玉孩，你吃過飯了沒？」這是她從小經常會跟我說的一句話，我想也是中國人自古以來，貧困到能吃頓飽飯是很幸福的一件事的問候語。

每當回憶起祖母時，這句叮嚀的話語，有如魔音穿孔般，聲聲入耳來，仿若她仍把我當小孩般。

3 祖父闖關東無回

小時候，經常聽父母親說祖母的人生路坎坷。我的祖父張立明很早就離家獨自到關東闖天下，有人謠傳祖父可能闖關東時過世了，或是另有大發展，不願意回家鄉來。原因很多，就是渺無音訊，下落不明。從此年輕的祖母就帶著四個兒子和兩個女兒，一門孤兒寡母在家鄉奮鬥求生存。

「闖關東」事實上也就是山東人為了求生存，鼓起勇氣拋家棄子，遠走他鄉的一種生命冒險歷程。我的母親和她的表哥蕭鴻漸，都曾經為了生活，跑到關東去討生活。從小我們都習慣稱的「蕭大爺」人非常聰明。他去瀋陽大連闖關東，雖然沒讀過甚麼書不識字，但是卻是位能說善道，口才一流的生意高手，而且還能把自己的名字簽寫得非常工整，像似會寫字的讀書人一樣。

大爺跟母親因為是表兄妹關係，他叫母親「三妹妹」，蕭大爺結婚時，母親還是蕭大爺年輕太太的伴娘。我母親跟著大爺去闖關東，聽蕭大爺的大女兒蕭培英大姊說：「在那時年輕人出外闖關東，算是跟得上時代，很趕時髦風的。」但是關東在關外，天寒地凍，氣候比山東還冷寒，他們待了一陣子，不能適應還是回到日照來。曾聽母親也說過：「在東北怎麼賺錢都還是吃不飽。」

蕭培英記得她的父母親一塊到東北討生活的情況。她說：「爸媽在家鄉的日子真是苦呀！到東北賣米討生活維生，當時日本人佔領東北，管控非常嚴格，為了逃避日本人的耳目，爸爸叫媽媽偽裝成有錢的貴婦，穿上漂亮的衣服，坐上三輪車，將米裝成袋子掛在身上，用布包好，好像一位貴婦抱著小娃娃般，沿街偷偷去叫賣米。所賺有限，投資成本又高，只不過為了要討一口飯吃而已；萬一被日本人發現逮到送監吃牢飯，可能連小命都不保。這樣的離鄉背井的日子，過得既是驚慌又害怕，沒辦法最後他們只好回到家鄉來，畢竟還是人親土親嘛。」

唱一曲下關東悲歌

上一代人飽受貧窮和動亂的淒苦生活不勝枚舉。一位馮連旗先生在〈奶奶的歌謠〉一文中，寫下他奶奶的故事，也同樣地令人低迴不已。

奶奶到東北七十七年，最終也沒有回山東老家，我知道，那是奶奶永遠的痛。在她幼小的年代，在她的家鄉，土匪綁架了她和爺爺，還有大爺和大奶，家裏賣掉了所有的家產贖出他們，不久爺爺、大爺相繼病逝。真是難以置信，兩個寡婦，兩個瘦弱的小腳女人，面對一貧如洗的家，她們挑起了擔子，用她們的三寸小腳，邁向了闖關東的漫漫遙途。

日本人小越平隆一八九九年在《滿洲旅行記》中記載了當年真實的歷史畫面：「由奉天入興京，道上見夫擁獨輪車者，婦女坐其上，有小兒哭者眠者，夫從後推，弟自前挽，老媼拄杖，少女相依，踉蹌道上，丈夫罵其少婦，老母喚其子女。隊隊總進通化、懷仁、海龍城、朝陽鎮，前後相望也。由奉天至吉林之日，旅途所共寢者皆山東移民……」。

當闖關東的人和事都隨歷史遠去，民間記憶也越來越模糊時，一部流傳于吉林白山一帶，由底層民眾口口相傳的歌謠，直到上世紀九〇年代才偶然被發現。這首敍事歌謠的《王寶川下關東》[1]可以稱做是民間史詩。

主人翁是生於泰山腳下王家疃村，廿歲就出門闖關東的山東人王寶川，按照《王寶川下關東》的唱詞，王寶川出生於光緒十二年（一八八六年），是遺腹子。在飽受旱澇之災以及兵匪侵擾，家鄉的村民們紛紛闖關東。

「誰下關東誰是好漢」、「土地多的不得了，樹密的不得了，有棒槌、紫貂、烏拉草等寶物，人們的生活習俗也非常怪異。」凡此種種，讓王寶川心裏長了草，「做夢都在關

1　（參考資料，引自南開大學歷史系中國近現代史研究室編：《二十世紀的中國農村社會》，中國檔案出版社一九九六年版，第八十四頁）。

東山裏跑」。

而記載在《臨清縣誌》中，道盡山東農民生活困頓苦情的歌謠，「種莊田，真是難，大人小孩真可憐！慌慌忙忙一整年，這種稅，那樣捐，不管旱，不管淹，辛苦度日好心酸，兩眼不住淚漣漣。告青天，少要錢，讓俺老少活幾年！」根據歷史學者的研究解析，認為：「山東人闖關東，實質上就是貧苦農民在死亡線上自發性的不可遏止的悲壯的謀取生存的一種運動。」

流民在苦難中翻滾

最早開始湧起闖關東的浪潮是在十九世紀時，天災頻仍，黃河下游水旱不斷，餓殍遍野，尤其是於清朝光緒元年（一八七五年）至四年（一八七八年）之間，在華北地區發生一場二百年來少見的大旱災饑荒年，史稱「丁戊奇荒」。這場災害波及山西、直隸、陝西、河南、山東等省分，造成一千餘萬人餓死，另有兩千餘萬災民逃荒到外地去。[2]

當時關東地廣人稀，沃野千里，大片肥沃土地閒置，在清廷的默許下，大批災民湧入，況且關東、山東比鄰，或走路前往，或渡海泛舟，都非常方便。「闖關東」自然成為

2（整合：《各地農民狀況調查——山東省》，《東方雜誌》第二卷第十六號，第一三六頁）

山東人改變生活的第一選擇。在當時不願意離鄉闖關東的年輕人，都會被鄰里鄉民視為沒出息的人，而飽受嘲諷。自此「闖關東」就成為社會上生活困難者尋求出路的廣泛認知，因而才有：「富走南，窮進京，死逼梁山下關東」的名諺出現。

此外，與天災結伴而行的是人禍，山東兵災匪患連年不斷，如軍閥張宗昌「禍魯時期」（一九二五年六月至一九二八年四月），更讓人側目。「當時山東軍隊號稱有二十萬人，但是連年戰爭，除餉糧多半出自農民外，到處騷擾、拉伕、拉車，更為人民所難堪。至於作戰區域（津浦線）十室九空。其苟全性命者，亦無法生活，所以紛紛拋棄田地家宅，而赴東三省求生。」

從民國初年，軍閥張作霖統治時期，為了大量發展東北經濟，不斷修建鐵路，使漢人闖關東也達到另一高峰。這個現象一直持續到一九三一年滿洲事變之前，每年都有數百萬關內農民移民到東北。直到抗日戰爭勝利，闖關東的移民總數已超過兩千萬人，造成東北稠密的人口數及大都市的繁榮現象。

「闖關東」的流民百姓，以山東、河北、河南、山西、陝西人為多，而其中又以山東人為最。一九一一年東三省人口共一八四一萬人，其中約一千萬人是由山東、直隸、河南等省先後自發湧入的，規模之大，舉世震驚。進入民國時期，闖關東浪潮仍居高不下，從一九一二至一九四九年，流入關東的人口共約一九八四萬人，平均每年約五十二萬人，其中一九二七、一九二八、一九二九年連續三年超過百萬人。

中國人一向是「安土重遷」的民族，會出現規模如此龐大陣仗，可以想見它深埋在背後的悲壯歷史層面；闖關東，大移民是人類有史以來的空前壯舉史。

而我的祖父就在這場波瀾壯闊的移民浪頭上沉浮消失了，留下的只是家族無奈的噓唏。

4 寫父親，太沉重了

我的父親張傳彩過世離開我，到今天也將近九年了。

我從小就喜歡塗塗寫寫，如果不是家裡太窮，我想我應該不會去唸理工科系，一定會去選擇念文學系或哲學系。實在是從小受盡窮的折磨，苦怕了，要想翻身非得有一技之長不可。

有人說：「記憶無非徹底看透一切。」從我離開台灣到美國讀書，對父親的記憶就越發鮮活，內心裡總有一股聲音，想把這份對父親的感動寫出來，但總是受俗雜事的羈絆，或自我安慰認為這件事並不是多麼急迫，等退休之後有閒空時，再來思考吧，就這樣一拖二三十年，年年想寫年年都難寫成。直到父親在二〇〇四年因車禍意外過世，我才驚覺到一旦親人消失後，要著手寫一些過往點滴時，尤其是寫我父親，真的是件很沉重的事。

在我讀小學時，遇到一位非常有愛心的鄧毓蘭老師，因為經常做家庭訪問，所以對我家食指浩繁、貧困無依的狀況很了解。在學校裡，她都以鼓勵的方式要我好好讀書，多孝順父母，她經常掛在嘴上的一句話：「你的爸爸真偉大。」年幼時對老師說的這句話，非常存疑，在我幼稚的內心裡想「偉大」不是只有書本上說的「孫中山先生是偉大的人物嗎？」老師為什麼說我的父親很偉大呢？長大後才體會出當年老師所形容的「偉大」兩個字，它的可貴性就在父親是「平凡中的不平凡」。

事實上，從我大伯、父親他們這一代人的農家出身背景，和中國普遍農村老百姓的特質來看，他們多半教育程度不高，不識字，但是都非常善良忍讓又能吃苦耐勞的人。儘管日子難過，生活清苦，但他們毫無怨言，努力的踏實的工作賺錢，沒辦法想辦法，只為了活下去，和將孩子拉拔長大。

一如閻連科在《我與父輩》中的第一章題詞：「父輩們在他們的一生裡，所有的辛勞和努力，所有的不幸和溫暖，原來都是為了活著和活著中的柴米與油鹽、生老與病死。」[3]

這句話用在那些和我伯父、父親同一年代，共同成長在廣袤的黃泥土地上，歷經顛沛流離的長輩們身上，真是恰如其分，精準無比。

一個叫父親的身影

天還濛濛亮，父親帶著我搭上計程車，送我到台北火車站，準備上成功嶺暑訓。那一年是我考上台灣大學，第一次離家。在鬧哄哄的車站裡，我環顧一起參加大專兵暑訓的同

3 （參考自閻連科在《我與父輩》中的第一章）

梯學員，和他們的送行家屬，我忽然發現父親竟然是同梯父親中，看起來最蒼老憔悴的一位，那天他穿著一件有點舊的白色襯衫，和一條深色褲管緊紮的褲子，外罩一件灰色夾克，臉上的皺紋像木雕上的刻紋般一道道的，背也駝了些。父親是受了很多苦的人，也承擔著一大家子的重擔，所以人顯得比他實際年齡看起來還要疲憊蒼老的多。

我站在隊伍裡，他直直地站在我們隊伍前面，他是木訥不多言的人，總是以一雙慈祥的眼睛默默地望著我。我不敢直視父親，低著頭，我怕會因自己感傷別離而掉下眼淚來，也害怕聽到父親開口說：「我走了。」會讓我手足無措。

等我上了火車，找好位子，想下車來跟他講講話道別時，他竟然一聲不響的走了。在人群裡我四下張望看不見父親熟悉的身影，心情好沮喪，忽然埋怨起自己無法及時對父親表達關切之愛，或喊他一聲：「達達，您多保重呀！」而深感慚愧。

火車開了，台北被遠遠地拋在腦後。那個名喚父親的人，像一座山那樣堅挺不拔的身影，映在飛馳而去的車窗上，烙印在我十九歲的心板裡。

父親跟我一樣都是不擅言詞表達的人，但是他非常善良，他總認為老天就是給了這一條命，就是要拼命去幹活才是活下去的本事，他經常掛在嘴邊的一句話：「窮沒有甚麼好怕的，害怕的是你沒有了志氣。」

我是長子，從我有記憶以來，窮困的陰影，一如魔咒般纏繞著我，對於父親受窮所困的心情，我特別敏感，就像人家常說：「父子連心」我想是有道理的。翻閱我在少年時所寫的日記中，父親永遠都是在用勞力討生活，一輩子為籌錢、借錢、賺錢、還錢而汲汲營營。

「禍事總是降臨在痛苦的人身上，今早爸爸的三輪車丟掉了，父親賴以營生的工具竟然被小偷偷走了，那個小偷真是喪盡天良，唉，生活的重擔已讓父母親操心蒼老多了，這下又慘遭小偷，賺錢多麼困難呀！」

「父親的三輪車，又被警察開罰單扣去了，這下家裡要如何撐下去呢？餓肚子不好受，但是沒有錢萬萬不能，才真難過，可悲呀！」

「父親身體不舒服，但是他仍然得去工作拉車，晚上回來，嘔吐不已，飯也沒吃。父親實在是太疲累了，一年三百六十五天，他幾乎沒天沒夜的工作，他從不喊累也不休息。他吃不好，睡不好，都是為了我們一家人，有時真怨自己不能快快長大，賺錢幫父親分擔家計。」

父親一度失業，無法拉三輪車，家中開水餃店，生意不好，又欠人家的錢，每個月要償還本息四百元（民國五十七年的幣值），記得在那個年代，當一個中學老師的月薪大約是一千元，軍人還要當上少校軍官及一毛二階級的警察，月薪大約在八百元。那個時代，軍公教收入都很低，如果只靠這一點點收入，要養活一家六口，根本是沒辦法，必須要多兼幾個差，才能勉強過日子。而當時在工廠做工的黑手師傅月薪大約兩千元，新手約一千元。而父親為了我們六個小孩的讀書、吃、穿用度，真是勞心勞力，費盡苦心。

父親深受不識字之苦，他雖然沒有念過甚麼書，但是他總有「再窮也要富孩子」的觀念。每次父親為了幫我們繳學費籌不出錢來時，都會去向鄰居一位山東老鄉借錢，每次借都要看別人的臉色，但是為了孩子，父親也只能默默的忍著同鄉對他的揶揄：「沒錢就不要給孩子念書啦，叫他們去打工賺錢吧。」

有時候聽見討債的人來催債，隔著門板叫罵著，我憤恨自己無法快快長大，為父親分憂。所謂「一文錢逼死英雄好漢」，每到我們兄弟姊妹六個人學期開學要繳學費時，總是父母親左支右絀最頭痛的時候。

「但是一想到明天要開學了，學費還不知在那裏？晚上躲進背窩裡，只有偷偷的流眼淚。」這是我讀書時最慘痛的記憶。還記得大一上學期開學，祖母過世，同鄉街坊鄰居湊錢辦完喪事，結餘的喪葬費剛好夠我繳學費，解決了繳學費的燃眉之苦，幸好大一下學期我開始兼了幾個家教，父親就能稍稍鬆口氣，不再為我的學費煩惱了。

懂得孝順的遺腹子

經常聽聞嫁給山東人的女士們，對所嫁老公的評價是「父母第一，老婆第二」。

我們從《二十四孝》故事中，其中有關山東人的孝順故事就占了十位之多就可知。有人說：要和山東人結交朋友很簡單，你只要時時刻刻關心問候他家裡的父母高堂大人，自然你就能贏得這位山東朋友兩肋插刀至情至義的交情了。山東人對你能愛屋及屋的窩心關懷，他們會有一種受人尊重，被人看重的感動。

山東人受儒家思想的影響，家庭觀念很重，尤其是對父母親特別孝順。父親對祖母很孝順，所以從小耳濡目染，我們做子女的也被教導成對父母親一定要尊重與孝順。

母親經常跟我說：「你達達小時候就很懂事又孝順，每天大早天還未亮就起床，幫忙打掃庭院，然後到村里附近的一口井去挑水，把家裡一天要用的水都挑滿了，才去叫嬷嬷和其他哥哥們起床。」

父親是遺腹子，生下來就沒見過祖父的面，祖父家裡原先開油坊賣油，但是祖父喜歡抽大煙，賭賭錢，經常會輸很多錢。祖母一氣之下，就對祖父說：「最好有本事把抽大煙、賭錢的習慣改掉，好好掙點錢回來，否則你就不要回來了！」就這樣祖父闖關東去，之後下落不明，沒有再回來過，父親終其一生都沒有見過祖父。

因此，自小就跟祖母相依為命，他一生只上了一個月的私塾，就因為家裡買了部織布機，需要人力，祖母就叫他不要念書，回家幫忙織布，他就乖乖聽祖母的話。那時他個子不高，搆不到機器，必須踩在小板凳上，整天勞動織布。

他了解祖母獨撐一個家的辛勞，所以父親對祖母總是有特別多的尊敬和順她的心意。

祖母是很會叨念的人，但她並不會很強勢，然而只要她對母親碎碎嘀咕的時候，父親往往會向著祖母，說母親的不是，惹來母親的不開心，但是父親一向事親至孝，在此情況下，他也只有默默承受一邊是祖母一邊是妻子的難為角色。

小時候，放學回家，進門看見祖母悶悶的躺在床上，沒有起來，我心裡就知道一定是母親和祖母為了一些雞毛蒜皮事，鬧得不開心。這時候平時嚴肅的父親總是想盡辦法，賠上笑臉，讓祖母開心，而我也會見風轉舵，馬上黏著祖母：「嬤嬤，起來陪我玩嘛！」祖母拗不過我，很快的氣也消了。

祖母過世時，父親最為感傷，他的外衣衣袖上永遠都會別上一塊粗麻，那時我總是想不透，他為祖母守喪戴孝竟然可以長達三年之久。父親從來不會說大道理的話，但是他總是會默默地盡本份去做，他只告訴我說：「達達很想嬤嬤。」

每年過年、清明、中秋這幾個大節日，父親總會在全家祭拜祖先後，帶著我及大弟，先去祖母埋骨的辛亥隧道上的山上，再去六張犁大伯父埋葬的墓園。

上墳祭拜清理墓地時，他總是默默不語，用帶去的鋤頭鏟子，小心翼翼一鍬一鍬的將雜草鏟除。「達達，這墳地的土很硬，怎麼鏟，土也鬆不了呀！」他會用力將墳地邊上堅硬的石塊，不厭其煩的一鏟一鏟挖出來，並整整齊齊地排好，並將墓碑上的青苔輕輕刮掉。一道道刮下的青痕，隔著一方矮矮的墳頭，父親像在梳理那份對祖母兄長無限思念的心情。有時候我等久了，會急急的催促他：「天要黑了，快點下山吧。」只見他依依不捨輕撫著墓碑，雙眼泛紅。對於父親那時失落親情的遺憾與悲哀，在我年輕時的思維中無法深刻感受到，只一味在「人死了究竟到哪裡去了？」做無謂的探究。

可是，在我人近中年之後，當我在朗讀余光中的新詩「鄉愁」時，才終於深刻明白父親失怙的揪心之痛。

那首詩句是「——鄉愁是一方矮矮的墳墓，我在外頭，母親在裡頭——」。

踩踏間的認命人生

雖然父親不識字，但平心而論，他是一個聰明的人，他懂得如何處理事情，我常跟我的弟妹們說：「如果父親能讀書，他絕對讀得比我們好。」

父親的人生字典裡沒有做不到的事，「窮則變變則通」是他樂觀踏實的生命準則。

讀初中時，學校發放清寒獎學金，必須提供清寒證明，每次我自己去申請證明時，只要承辦人不在，我就沒轍只好回家，告訴父親說：「承辦人不在，沒辦法拿到證明。」

那一次，我星期六放學回家，跟父親說星期一要交清寒證明，才能領到獎學金。由於時間緊迫，父親馬上拉著三輪車跑去市公所找承辦人員，正值星期六承辦人員早就下班了，因為申請清寒獎學金有期限，不得已父親只好東打聽西探問，終於問到承辦人住家地址，馬上飛車找到他。承辦人說：「現在已下班了，況且證明文件放在辦公室，無法用印承辦啊。」父親不死心，告訴對方：「沒關係，我用車載你去辦公室，把需要申請的單據辦好，我再用車送你回來。」

他可以為了成就一件事，而想盡辦法，用他的認知把事情做成或做好。這是他非常厲害的地方。

當年祖母會跟著伯父父親一塊逃難出來，是很不容易的事。在那時代，一些上了年紀的老人，祖母還纏著三寸金蓮，根本就不願意大山大海跟著逃難，寧願守住家園，等兒孫們回家來。

但是當父親在上私塾時，只是聽見私塾老師經常跟同學們洗腦：「共產黨來了，所有的東西都要共同分配、共享。」的論調時，他的腦袋忽然反問：「共產黨說有飯大家吃，有衣大家穿，照這樣自己辛苦賺的錢，不就必須跟大家分享嗎？為什麼自己努力得來的東西，要跟別人共同分享呢？」直覺認為一旦共產黨來了，日子肯定會不好過的，隨著時局的變化，於是說動祖母和大伯他們一塊逃離，並決定全家「往南方走吧！」事先父親把織布賣布賺的一些錢，一筆筆的匯寄到青島去，臨走之前還留下半大袋黃大豆給親戚們。誰知道共產黨軍隊過境，全被搶光光了，連剩下的三部機器也都不見了。

父親是一位靠勞力養家活口的人，一路逃難到台灣後，先是在基隆賣菜，但口才不好，山東口音又重，又不會講台灣話，每次跟他一塊賣菜的蕭大爺還不到中午，菜攤上的菜早就賣得一乾二淨，父親菜攤上的菜還剩一大堆。蕭大爺幫忙拿去賣，不到一會兒全賣光光，也因此父親靠賣菜營生也賺不了多少錢。幸好父親在家鄉織過布，當年很多山東幫的紡織企業將工廠設在三重市，為了找紡織工廠的工作，舉家還到三重市靠近淡水河邊的泉州街，先去當工人。我還記得每次他從工廠回來，都會給我好多一毛、兩毛的銅板，約七、八個。我拿著銅板買了好多好吃的零嘴和好玩的玻璃彈珠，每次父親回來，就是我最開心快樂的時候。

後來，隨著家中孩子的陸續出生，負擔沉重，父親只好轉行，買了輛三輪車，靠勞力去拉三輪車。一九五三年的三重市當時的人口不多，三輪車又沒有固定排班的地方，整天在街上四處亂轉，很辛苦卻又賺不了錢。幾年後，才有機會在台北市中山北路買到了一部可以固定排班的三輪車，收入才逐漸穩定，但也只能糊口而已。

父親是一位苦幹實幹的人，一年三百六十五天，天天都去拉三輪車，沒有一天休假，連刮颱風下大雨，他都要出門賺錢，有鄉親苦勸他：「老張，何必如此勞累，休息一下，和大夥去喝個小酒吧！」但是他都不為所動，每天總是默默的工作拉車，他知道要挑起這一家九口的擔子，是很沉重的，一家子老的老，小的小，沒有人可以幫忙他，只有靠他自己認命的扛起來。

記得在一個滂沱大雨的夜晚，大約十點鐘，父親剛剛拉三輪車回來，就聽見房裡剛剛出生沒多久的小弟弟，肚子餓得嚎啕大哭，母親告知：「沒有奶粉了。」父親二話不說：馬上披上黑色蓑衣，戴上斗笠，拉著三輪車出門去了，大約一個鐘頭回來，手上拎著一罐克寧奶粉。

「清水變白銀」的有福人

父親個子不高，屬於瘦小精幹型，他一輩子都是在拼命幹活，也幸好他身體很好，他幹活費力，他的心非常的寬厚，一生沒有任何煩惱，頂多是煩惱食指浩繁，賺的錢只夠餬口，所以他從不為小事煩惱。每次拉完三輪車回家，他可以馬上倒頭就呼呼大睡。他身體非常好，也沒有甚麼大毛病，也許是這種困頓的環境，需要為生活打拚，而沒有憂傷的權利。

從家鄉逃難出來，攜家帶眷過著心驚肉跳的苦日子。我的兩個哥哥沒有吃食，無法得到好的營養補充，生病也不能即時得到好的醫療照顧，相繼夭亡。當父親失去了兩個男孩，那種傷痛，他也只能默默地扛了起來，他能體會出「順天認命」，一切都是宿命，從不去怨天尤人。他任勞任怨的本質天性，是他幾十年生命歷程中，不變的生存法則。

就以父親後來改行做棉襖，就是將這種任勞任怨的本質發揮到極致，「父母親創業做棉襖，真的是很厲害。」在證券公司擔任主管大弟張守嶽說：父親天生就擁有一雙非常靈巧的手，他可以無師自通的做出一件件炫麗的大花棉襖來。

他只要拿一件現成的棉襖，就能眼睛瞄一眼看著棉襖的版型樣子，就會打版裁剪，尤其有些衣服的暗袋，他馬上就知道要如何裁開縫剪，至於如何打盤釦、開扣眼，他沒有不能的，說他有天份能無師自通，或是從小在家鄉幫忙織布，有此經驗也不為過。

父親開始做棉襖，他沒有本錢，於是他想盡辦法，大弟還記得，「哥哥因為要當家教，平時很忙，父親都叫我陪他去，我們到迪化街去找賣布的山東老鄉幫忙。看見賣布老鄉，就用山東話跟他說：當時父親也根本不認識對方，可是他想跟對方先賒布做棉襖。那位居亨三老鄉，非常客氣還倒竹葉青酒請父親喝，他們聊得很久，內容應該是如何賒布做棉襖，賺的錢如何還布帳等等細節。」

最後，生意成交了，居亨三先生相信父親的誠信，答應先賒布給父親，為了多了解我們家的情況，還親自來家裏探望，知道我們家裡孩子多，一打聽每一個兒子又都很會讀書，念的都是第一志願名校，二話不說願意先賒帳給父親。大弟十分佩服父親的膽識，每次他都笑著說：「居先生他大概認為這些孩子既然都那麼會讀書，不怕帳要不回來吧！」

而且父親先跟別人賒帳買布，他一點都不擔心，萬一棉襖做不出來，或是做出來的棉襖賣不出去，那不是要欠更多的債，怎麼還？不是更慘嗎？但是，大妹張秀清回應，「不可能的，父親從來不會有這樣的考慮，他只是一心想，他一定會做成的。」大妹後來一直在家裡幫父母親做棉襖，所有的棉襖從買布進貨記帳到出貨收款，全部由她經手，為家裡的棉襖家庭工業費盡心力。

初期，父親做棉襖想盡辦法找通路找批發商，全台灣都跑透透，一些鄉下偏僻的地方，他從來也沒去過，如台中沙鹿這樣的小地方，他都不辭辛苦自己去找通路，找到鎮上有意賣棉襖的人，談好批貨、收帳的方式，生意就這樣一筆筆做成了。

在台北，就由二弟放學後，揹著棉襖跟著父親到寧夏夜市，擺地攤賣棉襖，有時還到康定路去送貨、批貨。

一九六九年，父親三輪車被收購無法拉車，那年父親開始經營棉襖生意，那一陣又遇到寒流來襲，天氣寒冷，棉襖正當時，家裡的經濟才逐漸轉好，才能勉強存下一些錢來。但是，父母親所賺的每一分錢都拿來為兒女們的讀書所用，兩個弟弟出國念書的學雜費生活費完全由父母親支持。

父親曾經告訴我們說：他和母親這一生的願望就是，「讓所有子女受教育讀書，長大了不要像達達這麼辛苦地靠勞力維生。」就是這份堅持認命的心，在他十幾年的拉三輪車的踩踏人生裡，一腳一踩的踏著，為六個子女們打下的幸福王國。

他的子女一個個出人頭地，六個子女都受高等教育，一個博士，兩個碩士，三個學士專科。

林語堂曾經說過：「得失不在於處心積慮，不在於圖謀或運氣，而在於有德者有福。」一個人有福氣與否？都和你內在的德行有關，他又說：「福氣不是自外而來的，而是自內而生的」[4]

我想我的父親是有福的人。他就是那種「一缸水會變成雪白的銀子」的福氣之人。

天殺的毀了我父親

「天這麼黑，風這麼大，爸爸捕魚去，為什麼還不回家？聽狂風怒嚎，真叫我心裡害怕。爸呀！爸呀！只要你平安回家，就算是空船也罷。」

「我的好孩子，爸爸回來了，滿船魚和蝦，你看有多少？賣了魚蝦買米布，全家大小得溫飽。爸爸不怕累，只要你們好。」

這首兒歌是我小學時念的，到今天我都還記得，道盡為人子女對父母親辛勞付出的牽掛思念，及父母親對兒女照拂的恩情。

小學時，我很喜歡拿著課本，朗朗的念這篇課文給祖母聽，一旁的父親總是瞇著眼睛，用讚賞的神情望著我。

兒時，我經常會為外出工作晚歸的父親擔心。

---

4 （參考林語堂京華煙雲）

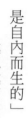

「窗外的雨下得好大，已經是晚上九點鐘，爸爸拉三輪車還沒有回來，心裡非常著急，爸爸怎麼這麼晚還不回來，一會兒聽到爸爸騎著三輪車的聲音，遠遠地從巷口滑進來，這時我的一顆心才放下來。」

從我讀書時寫的日記中，不難發現我對父親的安危有著一股說不出來的掛慮，畢竟他每天都要在馬路上拉著車拚命用心賺錢。我相信父親是謹慎小心翼翼的人，絕不是莽撞的人，他非常嚴守交通規則，所以幾十年來，他都能平安無事，為我們家老老小小拚出好「經濟」來。

從我們為人子女長大成人出社會工作賺錢，又陸續出國創業後，父親跟母親開始過著安享頤年的生活。對於父親一位八十四歲的老人，身體一向很好，沒有甚麼大毛病，每天早上出門運動，我們為人子女的人，只有關照他走路要小心，不要跌倒，晨運時，要多加衣服以免天涼感冒，如此而已。

然而，二〇〇四年十二月廿五日美國正在過耶誕假期，妹妹從台灣傳來父親意外的惡耗電話時，我根本無法相信父親竟然會在清晨外出運動時，被一輛冒失鬼駕駛的載菜貨車給撞倒過世了。

「他是在十二月廿四日大早五點半，天色已經亮的時候出的車禍，鄰居來通報我，立刻將他送醫院，上午十一點多就走了，當時他身體被撞擊得非常厲害。」這是妹妹秀清所描述的狀況。可想而知，那冒冒失失的駕駛人根本沒有注意紅綠燈交通號誌，猛踩著油門奮力往前衝，才會把正在過馬路的父親給撞個正著，父親才會被撞得如此嚴重，連到醫院都急救無效。

「真是，天殺的！」我忽然狂叫著，這個社會究竟出了什麼問題了，開車的人竟然如此草菅人命。我無法相信事親至孝、待人誠懇、樂觀進取、從不怨天尤人如此善良的人，竟會遭遇到如此的不幸。

當我在醫院裡見到父親最後的容顏時，不禁淚潸潸然，人生再沒有比見到親人慘死的事更讓人心碎悲哀了。父親緊抿著雙眼，滿身觸目驚心的斑斑血跡，我愛憐的撫摸著他的雙手：「達達，你安心去吧！我會幫你討公道的。」

他會是多麼的不甘心呀，這些年來，他帶著母親遠去美國、加拿大探望旅居國外的我和二弟、三弟們，每次來都要住上幾個月，對於美國和加拿大的居住環境，他們都非常喜歡。他才去加拿大探望弟弟們，住在二弟新買的優雅豪宅中，臨行之前，還對二弟說：「你家真漂亮，環境又清幽，我跟你娘娘，下次還要再來住哦！」猶言在耳，看來那是他第一次去也是最後一次的加拿大之旅。

金錢能換回人命嗎？

當肇事者要跟我們和解時，我哀傷的對他們說：「賠錢能換回我的父親嗎？他辛苦了一輩子，我們做子女唯一的希望，僅僅是父親能安享餘年呀！」

古人言：「人命關天」又言：「身體髮膚，受之父母，不可任意毀傷。」可惜這種尊重生命的觀念，在台灣社會是逐漸淡薄的。

肇事者大早趕著去批貨賣菜，竟然把一位出門運動的老先生撞得七竅出血而亡，面對這樣的疏忽過失，在台灣的法律，竟然是「撞死人就是賠錢了事」，就可以大事化小，小事化無。

大弟張守嶽表示：「這種車禍肇事事件屬於非告訴乃論，檢察官要提起訴訟的，但是我所看見的檢察官的立場，就是趕快把事情辦完結案就好了，完全站在息事寧人的立場。如果法律只一味的以賠款了事，像這樣開快車不尊重生命的肇事事件，永遠都不會有杜絕的一天。唯有用嚴刑峻法，懲處肇事者，關他個十年八年，才會有警示效果。」

據了解目前在中國大陸因為開車肇事事件太過頻繁，尤其是酒後駕車肇事相當多，當局祭出最高罰則，就是處以終生監禁的嚴罰，讓很多人心生謹惕作用。

在美國的法治觀念更是嚴格，罰則屬於嚴刑，你只要闖紅燈肇事，受害的對方可以告死肇事者的，所以在美國開車的駕駛是非常謹慎小心的。開車的人要有良心，不能開快車，在路口稍稍注意，禮讓行人優先，避免車禍發生，這是開車者最起碼要遵守的原則。

我查了一下行政院衛生署資料，民國八十七年全國車禍死亡人數為五九○三人，也就是每年有近六千個家庭必須面對喪失親人的痛苦。而車禍發生的原因百分之九十八竟然是「駕駛人過失」所造成的。明顯表示，駕駛人自認不可能發生車禍的僥倖心態，非常嚴重，同時對自己和他人的生命根本上是不予尊重的。

根據警政署歷年來台灣車禍頻仍發生的統計資料分析，發現不外乎以下三大主因：

一、未注意車前狀況

二、超速失控

三、酒醉後駕駛

此外，我還是認為，台灣交通的紊亂，死亡車禍發生比率偏高，和對肇事者的執法不嚴有相當大的關係，對於父親竟然會在他最熟悉且已居住了四、五十年的住家附近，被人撞死，我百思不解。大清早六點鐘，我親自到出事現場查看，並觀察所有來往的車輛，才發現「太恐怖了，幾乎有一大部分的駕駛人超速闖紅燈，這種自以為大清早人少，可以不守法的快速超車，漠視人權生命安全的行為，真是讓人痛心呀！」

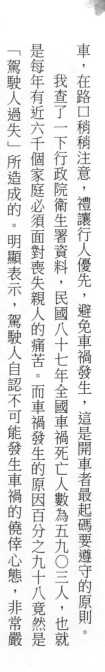

對於當局聲稱：「台灣是一個文明進步、有人權的國家。」不是一個天大的笑話嗎？

而肇事者在兩位律師大陣仗的陪同下，把責任推的一乾二淨，認為是父親沒有注意紅綠燈，所以才會被撞。但是我們兄妹一直無法接受這種「把責任撇清，全推給死者的死無對證托詞。」父親拉過三輪車，他是一位非常注意交通安全的人，他沒有理由去闖紅燈；二來他只是出門散步健身，悠悠哉哉的不趕時間，沒有時間壓力，犯不著去闖紅燈；況且他如果趕著過街，他只要站在街的這一頭，直接過馬路就可以了，何必還要走到街的另一頭有紅綠燈的地方過馬路呢？這是完全說不通的道理；肇事者還辯稱：「你爸爸為什麼不去上陸橋過馬路呢？」狡辯的話語，完全是睜著眼睛說瞎話，有違事實，現場根本沒有從馬路到淡水河邊堤防的陸橋，只有一條要上忠孝大橋的陸橋，根本與父親要去的地方差了十萬八千里路，八竿子都打不著。

大弟就曾經說：「對於父親的意外過世，我們兄弟姐妹都很堅持是不會善罷干休的，賠錢就能了事嗎？我們不要他賠錢，我們要他受法律制裁，記取教訓，肇事者知不知道，失去父親對兒女來說是多麼痛苦的事呀！那悲傷是一輩子都無法抹滅的。」

日照冬暖憶春暉

一位曾經飽受車禍失親之慟的林先生就告訴我說：「他奶奶在去年十一月被一輛豐田汽車以高速衝撞當場死亡。」他非常痛心地說著：「社會失去了公平正義，讓壞人得永生，好人被欺負，那些開車撞死人的人真該下十八層地獄。」我深深了解他內心的苦處及無奈的心境，失去親人的悲慟，只有遇到的人，才會懂。

雖然我們痛心的呼籲總是亡羊補牢，於事無補，但是總希望讓這樣的悲劇發生率減少一點，讓這個社會的每一個人，都能從「尊重生命，愛惜生命」的思維中，多產生一些發人深省的作為吧！

父親的意外，最後我們在尊重並順從母親「寬容他人」的心意下，選擇了息事寧人，因為整個事件中，母親受到極大的打擊，一個跟她結縭六十多年的老伴，竟然是出門散步，就一去不再回來了，想想她的衝擊及她未來的生活要怎麼過？母親一方面為失去老伴而惶恐，一方面又怕兒女們為了替父親伸張正義，繁瑣打官司的過程，讓孩子們四處奔波而不忍。母親勸我們：「不要難為人家，能和解就和解吧。」這就是我的父母親，一生都在為他人處身設想。可是父親的結局又是如此令人心慟，究竟這是一個甚麼樣的社會呀？有時我真的很心灰意冷。

然而，當我想起晚年的父親，由於他的熱忱，還一直出任鄰長一職，他總是在夕陽將落時，趁著天光將致贈給鄰長們看的報紙，用紅色塑膠繩索將報紙一疊疊的鋪平擺好，再用力綑綁著收好，等待資源回收的人來回收。他是一位傳統老式惜情、惜物的人，上一代人飽受物質匱乏的困窘，懂得珍惜所擁有的。他雖居陋室，但總能安貧樂道，一生只做他能做的事，並踏實地全力以赴。

這是他留給我們做兒女在人生旅程中最美好的傳家精神，我想我們都會將這份精神永遠烙印在心田深處。

回顧父親一生，有很多的感觸，常想當一個人在漫漫長路上踽踽獨行時，在舉目所見都是冰冷的迷霧，看不見清朗蔚藍的晴空時；當這個世界道德淪喪，善惡不分，生命已不再受到尊重時，我不知道我們還能留下甚麼給後代的子子孫孫們？

但是，長路總是還得走下去，我們還是要告訴他們：這個世界是有希望的、有美好願景的，只要我們心中依然留守著那一汪藍藍的海洋記憶，讓心中有著那一股對於真善美的眷顧與堅持——我想就夠了。

我和我的弟妹們都為今生這份難得的父子父女緣，充滿著無盡的感激。

5 石臼所母親的家

我的母親高慶蘭生於一九二六年，卒於二〇一一年。在父親過世的第七年，因病過世，她終於和父親在天堂見面了，骨灰隨著父親一塊安放在六張犁的慈恩園裡。

近一、二年，只要回台灣，我都會前往安放她的靈骨塔祭拜她，並對她訴說著我個人的人生近況與遭遇，彷若她依然像生前般，傾聽著我訴說著她的孫女們的近況，和她已四代同堂，晉升為曾祖母的成就。

母親的家是在山東日照石臼所靠海邊的地方。根據考證石臼所建村在宋代以前。相傳宋代時，一些在海上討生活的漁家，經常將船停泊在此地，並上岸舂米為食，久而久之，該處移留下很多像臼狀的石坑，故有「石臼」之稱；明初，為防範倭寇在這裡設「備禦千戶所」而有石臼所之名。

石臼所，過去有「小青島」之美譽，是一個熱鬧的小漁港，港邊碼頭上，經常有很多鐵船來來往往。聽鄉人說日本人還沒來時，這裡的房子可以賣一萬塊大洋，相當值錢。但日本人在一九三七年（民國廿六年）來了之後，就將碼頭給炸毀了。石臼所二十多年前都還是一片茅草矮房，近年大興土木，社區高樓大房林立，完全嗅不出當年小漁港的風味來。

石臼所的舊燈塔

母親家境清貧，每天幾乎都是餓肚子去睡覺的。日本佔領東北成立偽滿州國時，母親也趕上「闖關東」潮。為了生活她跑到關外去打工，也就是日本人占據的偽滿州國，雖然當時打工賺的錢比在家鄉工作多一點，但是吃飯住宿後，也所剩不多。東北冬天寒冷，氣候難以適應，母親打工沒多久，就只好回到石臼所老家。十九歲經人介紹，父母親就結婚了。我的祖母和大伯母都纏小腳，母親出生時已是推行天足的時代，所以她並沒有纏小腳。

母親生前經常和居住在石臼所的二姨通電話，這次在石臼所和二姨碰面，聽她回憶跟母親姊妹情深往事，格外噓唏。她說她在十二、十三歲時，梳了個大辮子，家鄉有日本人入侵，她只要看見穿著大皮鞋的日本人來了，就非常害怕，趕忙找地方躲起來。她一直住在石臼所，平常空閒時會幫忙搓麻繩，活動筋骨，現在她將近九十多歲。她一共生養了十個孩子，但就死了七個。

石臼所航業奇人賀仁菴

賀仁菴先生，在石臼所是第一位做航運起家的人。至今在舊碼頭上還可看見石臼所的第一座燈塔，這是賀仁菴先生所蓋的。賀仁菴的曾祖父、祖父輩早年在石臼所的南北大街路東（今石臼所街道小學）附近開設「福春行」，專營大宗物資買賣，擁有大型五桅大帆船數艘，航行在山東、浙江沿海，享有「江北第一桅」之美譽。另外還有三十口的定置漁網，兼營漁貨批發買賣，行號名為「海豐漁行」，在清末、民初時期，算得上是石臼所的富豪之家。

一九二五年，賀仁菴決定自行創業，將自己在「福春行」多年來攢下的積蓄，獨資成立了「長記行」，他眼光獨具頗有前瞻性，當他發現山東魯南大旱缺糧，於是將大連當地盛產滯銷的高粱，運回日照，以「平糶」糧食之方式賣出，不但立即收回購糧成本，還可以在回程時載運「闖關東」之旅客。於是賀仁菴先生賺到人生的第一桶金——十萬大洋，便將「長記行」改名為「長記輪船行」，正式營運海上運輸事業。[5]

賀仁菴在當地是家喻戶曉的大人物，也因為他待人誠信，信譽又佳，營商手腕靈活，做事膽大心細，又熱心助人，所以頗得地方仕紳洋行商賈及達官顯要的尊崇。在國共內戰

[5] 二〇一二年十一月二十三日 旺報〈賀仁菴的雄心與悲歡〉文／賀郁芬。

民國三十七年五月賀仁菴先生配戴一交通部頒發之【壹等二級獎章】檔案照片

愛國的航運鉅子賀仁菴先生。（賀郁芬小姐提供）

交戰時，他為國家的安危不惜犧牲他的航運艦隊，響應政府商人愛國救國運動，將大輪船沈入江底，以嚇阻敵陣追兵，延緩前方戰事的發生。不僅如此還受政府徵招，提供船隻作為國府撤退來台人員之用，很多人都是搭乘他航運公司船隻來台的。真是出錢出力保衛國家。

祖母和父母親來台下船第一個安定的「懷魯新村」住所，就是由賀仁菴先生等鄉親們費心費力爭取而來的。

不僅石臼所的鄉親們感謝他樂善好施的義舉，在台灣這些懷魯人也依然秉持著父執輩們感念義助的傳承精神，對他無限的感激和懷念。有人說：「英雄造時勢，時勢造英雄。」賀仁菴先生都當之無愧。

她做好「母親」的位子

母親當選三重市的模範母親代表，上台接受表揚時，她是很開心的。人家問：「你是如何教導孩子的，讓每一個孩子都很有成就。」她笑了笑說：「我只是把母親的位子做好而已。」她相信每一個人都能把這個母親的角色扮演好，她總是以平常心來看待。「當選模範母親爸爸也沒有很特別的感覺。」大弟這樣說著。倒是左右鄰居和我們做子女的認為，母親當選模範母親是「實至名歸」的。

晚年的母親有一些失智的現象，經常對著鏡子問：「這難看的老太婆是誰呀？」她不喜歡按時吃藥，大妹為了照顧她，不停地哄她按時吃藥，但是有時母親竟然拒絕的說：「你不會自己吃啊，為什麼要逼我吃呢？」

雖然她漸漸失去記憶，但是對我來說：母親的記憶是永誌難忘的。記憶中，母親蒸出的每一粒山東大饅頭，都是白嫩飽滿膨大的，放在櫥櫃裡，等涼了再切成一片片，配著大白菜粉條吃，好香好甜，做夢都會覺得好幸福。因為母親的饅頭裡揉進了她對子女們無止盡的愛與思念，但是卻揉不出她回到原鄉石臼所那個家的夢吧。

她平凡的就如同我們週遭每一個人的母親一樣，然而我相信這個年代的母親們，所走過的顛沛流離的人生，卻是超乎我們所想像的不堪。她們雖是小人物在痛苦的深淵中載浮載沈，沒有人會記得她們的付出與掙扎，但是所顯現出母愛的聖潔與光輝，卻是不爭的事實。

就讓我們為這個時代裡的每一個母親們致上為人子女深切的謝恩吧。

6 懷念的煎餅槓子頭

山東人最愛吃的煎餅

民國四十幾年時，當時美援救濟品很多，上教堂信教就可以領麵粉。我和弟弟們經常會去教會裡拿放領的麵粉。回家來做饅頭、包水餃。一般山東人吃米飯的機會較少，通常仍以麵食為主。平時只吃饅頭配菜，到了節日時，才有機會包水餃。煎餅，也是我們經常吃的一種，那是只有山東日照才有的特殊鄉土食物。

煎餅是一種雜糧做的餅，是一種用麵粉和成麵糊，放在平鍋中烙出來的又酥又脆的薄餅。每當有親戚從基隆來玩時，都會隨手帶一些自製的煎餅。「煎餅捲大蔥」，這是山東中南部和西部農村的主食。

根據曾經開過山東水餃飯館的大表姐蕭培英說：「非常薄的煎餅比較難做，需要有高超手藝才能攤制出來。這時攤煎餅的技術和火候拿捏就要很講究了」。她並且介紹一張煎餅從鏊子上揭下後，往往放到旁邊的蓋墊上，然後一張張煎餅摞起來。剛從鏊子上揭下的煎餅很柔軟，可以摺疊成長方形，放到甕罐中存放起來。晾涼後煎餅變得薄而脆，由於加熱過程中流失了大量水分，所以煎餅可以在常溫下保存很長時間，煎餅是過去山東老家鄉親們要出門遠行時的必備食品。

她強調：「在當年東奔西逃時，媽媽都會準備這些煎餅乾糧，以備不時之需。現在在台灣已很少人會做了，以前基隆懷魯新村還有幾位老媽媽會做，現在都老了，做不動了。」看來下次得辦一個山東煎餅週節，來懷舊一下吧。

平民雅士都愛的食餅

煎餅發源地就在泰山附近的泰安縣，該地的「泰安煎餅」[6]遠近馳名。泰安民間流傳著這樣一首歌謠：「吃煎餅，一張張，孬好糧食都出香。省工夫，省柴糧，過家之道第一樁。又捲渣豆腐又抿醬，個個吃得白又胖。」這足以說明煎餅跟百姓的密切關係。

6 參考 討論：煎餅——維基百科，自由的百科全書。

相傳煎餅最早始於三國時期。傳說諸葛亮輔佐劉備之初，兵少將弱，常被曹兵追殺。一次被大軍圍困在山東沂河、沭河之間，鍋灶都在逃難中丟失了，無法燒灶做飯。諸葛亮靈機一動，便讓伙夫把玉米麵和成糊糊，放在銅鑼上攤平後，再置於火上烙烤，烤出又香又脆的薄餅。將士們在饑腸轆轆下，吃了這塊烙餅後士氣大振，終於殺出重圍……此法傳至民間，百姓便用鐵鏊代替銅鑼，烙出了賴以活命的煎餅……

煎餅是一種平民化的食物，物美價廉，營養豐富。

過去有錢人家常用六成生小米加上二成熟小米、二成黃豆製成「米對米」煎餅，這種稱為煎餅中的上品；如果選用玉米製成的煎餅則稱為中品；用地瓜或是高粱製成的煎餅則為下品。還有的把各種糧食混在一起做成的煎餅，稱做「五味俱全」。吃法上，只要在煎餅中捲上生菜葉、大蔥、黃瓜條、甜醬、芝麻鹽、魚肉等，吃起來就非常可口香美，既簡單又實惠。

煎餅不但百姓喜愛，一些名人也對它情有獨鍾。

清代美食家袁枚在《隨園食單》中說：「山東孔藩台（布政使）家製薄餅，薄如蟬翼，大若茶盤，柔嫩絕倫。」、「吃孔方伯薄餅，而天下之薄餅可廢。」袁枚所說的薄餅，就是山東煎餅。

清代大文學家蒲松齡，對煎餅一往情深，寫了一篇《煎餅賦》，他筆下的煎餅，樣子是那樣美：「圓如望月，大如銅鉦。薄似剡溪之紙，色似黃鶴之翎。」；味道是那樣好：

「三五重疊，炙烤成焦，味鬆酥而爽口，香四散而遠飄。」吃上它，又能充飢，又能養生：「晨一飽而遠幕，腹殷然其雷鳴。備老饕之一啖，亦可以鼓腹而延生。」

另一位對煎餅備加推崇的，是民國年間的抗日愛國將領馮玉祥將軍。[7]他在泰山隱居期間，不但愛吃煎餅，還把煎餅稱作「抗日餅」，極力提倡用煎餅做軍食，供應抗日前線。

他曾經說：「資本主義國家的軍隊，戰時吃的是餅乾、罐頭。我們國家窮，吃不起。饅頭、大餅易腐，不好儲存。在戰地升火做飯，又容易暴露目標。只有煎餅既久而不腐，又省錢，且容易攜帶。而製作煎餅用的原料，又是我國盛產的玉米、高粱、小米、大豆，最適合我國的情況了。」

不但推崇煎餅，他還將自己的研究成果寫成一本《煎餅——抗日與軍食》的小冊子，詳細介紹了製作煎餅的原料、方法和煎餅的營養價值等，並親手將這本書送給蔣介石，請蔣批轉後勤部門推廣使用。

---

[7] 參考二〇〇七年七月十三日文匯報　歷史與空間：山東煎餅，文／戴永夏

攤制煎餅的絕活

麥子、玉米、高粱、小米、地瓜乾都可以同時混搭，製作成煎餅的粗糧原料。山東煎餅多以地瓜乾和玉米為主要原料。地瓜乾製成的煎餅呈灰白色，高粱製成的煎餅色澤則保持高粱外皮的淺紅色，玉米、小米製成的煎餅色澤淡黃，麥子作的煎餅則呈現白色，如果是整個小麥磨成糊的全麥麵，顏色則不是很白。

傳統攤制煎餅作法：

1、前一晚將麥子、高粱、玉米、小米、地瓜乾等原料淘洗、浸泡一夜。

2、以石磨或採用機磨，將它磨成糊狀物，俗稱「煎餅糊子」。

3、磨糊子時一定注意原料和水的兌比，水過多、糊子太稀，根本無法攤成煎餅，水太少、糊子太稠糊，也很難攤制。粉水比例正好，餅型好看皮又Q彈牙。有些地方會將糊子事先磨好，放置一段時間讓其發酵，這樣攤出來的煎餅就是酸煎餅了。

4、先用油擦抹在鏊子上面，既去掉了鏊子上的雜物，也使得烙熟的煎餅容易與鏊子分離。

5、用舀勺將麵糊舀到鏊子上，用筢子沿著鏊子將麵糊攤一圈，如此將麵糊推開成薄餅。

6、用筢子反覆塗抹，使麵糊分布均勻。煎餅很快就可烙熟，並及時用鏟子沿鏊子邊緣把攤好的煎餅揭下。

7、煎餅厚度，以攤在鏊子上面糊的多少，來決定其厚度。

硬梆梆的槓子頭

還記得每一個寒冷的冬夜，為了等父親拉三輪車回來，我都很晚才上床睡覺，一聲聲山東口音的「大餅饅頭」沿街叫賣著，聽來格外溫暖。

早年在大街小巷經常會聽見山東老鄉們騎著腳踏車，車後放著一個木頭箱子，裡頭用厚厚的白布將所賣的山東大餅、紅豆餅、硬梆梆槓子頭保溫包好。在我居住的三重市泉州街、大同南路口都有山東老鄉販賣這些家鄉口味。花五毛錢買一塊溫熱紮實有嚼勁的紅豆發麵大餅，咬在嘴裡樸實的香味和QQ的口感，令人難忘。

山東大餅、紅豆餅是一種家常麵食，用麵粉加水加酵母或以老麵引子來做都很好吃，作法很簡單，不必用到烤箱，只要一個有蓋子的平底鍋，或是用電鍋，直接烙大餅就可以。口味隨人喜歡，加糖、加鹽、加油，或包紅豆沙餡、包葡萄乾，撒胡椒、撒花椒……都可以。

槓子頭又稱火燒餅，「火燒」是北方人對烤、煎、烙等麵食的通稱。這是北方傳統的乾糧，北方人出遠門必備的糧食之一。講究吃的人可以切丁泡在菜湯裡吃，其實直接吃就很好吃了。

這種硬麵做的火烤餅，不但可以溫飽肚皮，而且還價格便宜。烤好的香脆火燒餅包起來不要受潮，可以放很久。槓子頭做法很簡單，直接以麵粉加水揉成糰，再用土炕烙熟，火烤到又硬又脆，熱呼呼的，就可以好啦！

北方人經常以「槓子頭」三個字來罵人，原因就是「槓子頭」硬梆梆，就如一個人脾氣拗個性又倔強，轉不了彎。

9 山東胖娃娃年畫

有一段時期，為了多賺一些錢，每年陰曆年前，父親就會到基隆去向蕭鴻漸大爺批發一些山東年畫來賣，貼補家用，一幅幅畫著大紅大綠十分討喜的胖娃娃年畫，有著迎接新年到的喜氣。

記得是我上初中的時候，爸爸每逢陰曆年前就會拉著三輪車，帶著穿著初中制服的我，到有外省人居住的地方，挨家挨戶去推銷山東年畫。每次我坐在三輪車上等父親兜售完年畫，幾乎都要一兩個小時，冬天天寒地凍，我縮著脖子，單薄的制服根本禦不了寒，只覺得「時間好長，天氣又好冷，都快凍死了。」所以每次看到年畫，就感覺到冬天來的冰寒。

蕭培英大表姊說起他的父親賣年畫很有一套：「我爸爸很有生意頭腦，新年要到了，他就去批一批年畫來賣，張大爺經常來我家批年畫去賣，我爸爸將畫捲成一幅幅的放在麵粉袋中，一路背個大麵粉袋，到有外省人居住的地方，像南機場眷村、有『賊市場』之稱的桂林路，那裡有很多山東鄉親專門販賣各種舊衣服、舊貨。這些舊衣服，都是美援貨，有些還是用粗毛毛毯改成大衣，很實穿。」

而做生意蕭大爺更是口才便給，蕭培英大姊說：「有人向爸爸買東西，要討價還價，

爸爸就跟對方說：『老婆都沒褲子穿了，你還要殺價！』別人聽了哈哈大笑，笑問：『真的沒褲子穿呀！』我爸爸很幽默的說：『不是啦，是穿三角褲啦。』想殺價的人就不好意思再討價還價了。」

每到過年住在附近的山東老鄉，不管有錢沒錢，「年年難過，年年要過」都要買一幅兩邊寫著「上天言好事，下界保平安」的灶王爺年畫。在年三十送灶王爺上天時，將這張灶王爺年畫貼在廚房爐灶旁，用杯子插上香祭拜，祈求來年平安順利。在客廳裡也可以看到「八子同樂」、「麒麟送子」的胖娃娃年畫，代表著多子多孫、福祿滿堂。

這些年畫掛在家裡，為的是來年能討個好采頭，我記得一幅大約一塊或五毛錢不等。聽父親說：「在日照山庄城鄉百姓中，人們一年到頭辛苦工作，就等迎新去舊這個新年來，不但要過個穿新衣，吃豐盛美食的新年，家家戶戶還要在大門上、牆壁上、存糧桶上、水缸上、炕頭上，貼上各種祝福不同神祉的年畫，讓這新年顯得熱鬧快樂圓滿。」

一般貼在大門上的稱門畫，畫的門神是財神，或門童。財神又分文財神、武財神，一邊是手展「招財進寶」條幅的比干；一邊是手展「福喜臨門」條幅的趙公明。門童有胖娃戲雙魚或鯉魚跳龍門等。

山東日照巧巧語

1、蟹子過河 ： 瞪起眼來了。
2、禿子打傘 ： 無法無天。
3、巴拉眼照鏡子：自找難看。
4、做夢娶媳婦 : 光想好事。
5、狗追扁嘴 : 呱呱叫。
6、鼻子插蔥 : 裝象。
7、八仙過海 : 各顯神通。
8、大水沖了龍王廟 : 一家人不識一家人。
9、狗咬耗子 : 多管閒事。
10、要飯的扭秧歌 : 窮歡喜。
11、猴子戴帽 : 學人形。
12、黃鼠狼給雞拜年 : 沒安好心。
13、掌鞋不用錐子 : 針（真）好。
14、狗咬呂洞賓 : 不識好人心。
15、屎克郎打哈欠 : 出口就臭。
16、周瑜打黃蓋 : 一個願打一個願挨。
17、瞎子害眼 : 沒有好。
18、臘月三十看黃曆 : 沒日子了。
19、刷鍋水泡煎餅 : 狗食。
20、要飯的背著個鍋蓋頂 : 好大牌子。
21、「事大事小過了就了」：凡事不要放在心上

摘自《山東日照同鄉在台六十年》第三〇三頁。

第二章　逃亡

江海洋裡嘆伶仃

1 土八路入鄉，變天了

一九四九年大陸淪陷，國民黨兵敗如山倒，棄守大陸，渡海圖全，有人認為是，「國民黨失人心，國軍部隊實力太差。」其實，真正的原因有人認為，「共產黨的先遣入鄉部隊太厲害了。自一九四五年到一九四九年二次國共內戰，鄉村農民一直是中共相當重視的部份，中國農民占總人口的絕大部分，共產黨入鄉進行清鄉運動，首先掌握地方農民通，進行情報收集和武器、糧食運送等工作。據統計，中共在內戰期間，就動員了數百萬的民兵，以『土地改革』獲得農民百姓心，並藉機號召農民打土豪、分田地，將地主掃地出門，並將土地分給農民，怎能不讓這些農民對中共唯命是從呢？」

蕭培英表姊的妹婿劉太昌，述說父母親親身經歷祖父輩被共產黨批鬥的慘狀，他說：「有一次，我爺爺被鬥爭時因為胃痛，無法走動。爸爸就自願代替爺爺入監，在監獄中爸爸參加識字班，每天要向組織報告坦白。不坦白，就會被批鬥，不滿意就連遭棍棒狠命抽打。一旁還有村民拍手鼓譟，一點人性尊嚴都沒有。」

他又說：「爸爸曾經親眼看見爺爺被一群人拿著棍棒，一棒一棒硬生生地打死，為了省錢省事，不用槍，選用棍棒，因為子彈要花錢買，這麼殘酷沒有人性的惡整方式，哪有人敢在家鄉待？爸媽就是心生害怕不敢回家鄉，寧可逃難到陌生地，也不願意再回家鄉來。縱使兩岸開放探親，爸爸都不想要回家鄉看看。」

懷魯同鄉會理事長孫慧真告訴我說：「共產黨在我們日照家鄉都稱作土八路，只要他們一到，就像蝗蟲過境。一個上午，村子裡每一戶人家家裡所有的家當，都被搬得一乾二淨，讓我們欲哭無淚。」

鄉下動不動就有共產黨的幹部敲門來家裡調查，東看看西瞧瞧，看見有養狗的人家，這些幹部就會先來個下馬威，兇狠狠的打狗踢狗，讓這家人心生恐懼。在共軍尚未入城時就傳聞有所謂「聽壁隊」、「聞香隊」這些傳聞都不是空穴來風的。「聞香隊」的任務在查看每一家今天鍋裡煮了甚麼好吃的，進行疲勞式的轟炸問訊，大家都嚇壞了。

而我祖母當時在家鄉，只要聽見有人闖進家門，馬上高聲叫喊著：「土匪來了！」因為當時不管是國民黨或共產黨來，都會向老百姓伸手要錢，祖母已經到風聲鶴唳、疑心生暗鬼的害怕程度，以為是土匪來家裡綁票。

師大歷史研究所所長王仲孚教授說：「我是山東龍口人，家鄉共產黨來時，因為我們家是地方大戶，首當其衝，面臨恐嚇批鬥的無情打擊。」他表示，人的一生只要經歷一次，便有如夢魘終身受害。他的母親就是最好的見證，逃難到台灣，不但禁止子女們從商，而且只要聽到兒女們有要做生意賺大錢的想法，都會心生懼怕，害怕子女們被鬥爭。時時耳提面命他們兄弟姐妹幾個人，千萬不要學做生意，只要好好唸書、教書、做公務員就可以。「錢多會被鬥爭」這是她飽受共產黨抄家根深蒂固的烙印，所以王教授所有的兄弟姊妹們，都深受母親的影響，不從商，只讀書做個教書人。

他表示：「這段國共內鬥，人民顛沛流離辛酸家族史，希望有更多的人記錄下來，否則見證人一一過世，就不再有人口述了。」

2「窮人翻身」口號動人

共產黨以這種「噓寒問暖一家親」贏民心的做法，是有長時間規畫的，從一九四三年共產黨侵鄉開始。當時共產黨的「圍點打援」是共軍慣用的戰術名稱之一，意思是以少數的兵力來包圍困住「點」內的守軍，利用主力打擊前來支援「點」內守軍的人，通常這種戰術都能爭取到主動權，並能發揮出奇制勝的奇招來。

蕭培英則經常聽她爸爸說，共產黨最厲害的人，就是夾著皮包穿一身長布大褂的幹部，屬於政工人員最可怕，一下子甜言蜜語說著安撫的話，見到鄉下大娘馬上問：「大娘你家需要人去打掃嘛？別客氣，讓我們找人幫忙你打掃。」一下子又道德勸說：「共產黨來了，窮人要翻身，好日子一定會來，大家不要害怕共產黨。」

宋廣齊老師說：「一九四七年（民國三十六年）我才六歲，我家在日照宋家庄，十分有錢，父親宋幹民是國民黨黨員，伯父是青年軍。共產黨一入鄉，早就打聽好我家的背景，伯父、六叔、爺爺都被共產黨綁起來問訊。共產黨入鄉馬上組織民兵團，包括兒童團、少年兵團，並要求婦女參加識字班等等。當時父親在日照家鄉，有一天長工聽到消息，共產黨要來抓我父親，就先透露了風聲。當時來不及走，共產黨入門，父親的懷錶放在桌上，手槍藏在枕頭裡。進門的民兵一眼看見懷錶，父親很機靈的將錶送給他，才解決了被抓的危機，並當下決定逃離家鄉到青島去。」

他母親則在日照家鄉，天天遭共產黨的疲勞問訊，還雙手吊在樑上遭毆打。難怪根據青島在抗戰勝利時一項女性人口數調查，當時青島的婦女人數將近有六十萬人，但是共產黨入鄉，婦女同胞不堪受虐紛紛逃走到青島去，一夕之間，據傳聞青島的婦女人口竟然高達一百廿萬人之多。

牟迺護先生提起他父親牟屏西先生的經歷，就更能證明這一段歷史的真實性。

他表示，共產黨是一九四五年（民國卅四年）進入日照，起初鬥爭地主，為了在地方上樹立威望，經常邀集村裡的人，召開鬥爭大會。有一次有人偷偷地告知父親，千萬不要去參加，免得被點名鬥爭，因為牟家在地方上也是有名望的。父親才趕緊由日照轉去青島，透過在青島社會局當秘書主任哥哥的介紹，在青島社會局謀了一個差事。

然而沒多久，徐蚌會戰，國軍節節失利，北京又被共產黨佔據了，父親就想乾脆到上海去吧，因為隔了一條長江，可以作為屏障，蔣介石的大軍一定不會失利。

牟迺護說：「一九四九年（卅八年）他父親逃到上海時，上海人看他們攜家帶眷逃難，這麼辛苦，覺得不可思議，他父親將共產黨在家鄉迫害的種種慘不忍睹的事實，告訴上海人。上海人根本不相信，認為爸爸所說的簡直是胡扯，還認為，『你們是在家鄉做的壞事，不容於當地人，才會跑來上海避難的。』這就是沒有經歷過共產黨在鄉里蹂躪之苦的人，你說再多別人也不會相信的。」

3 為活命到上海去

一九四五年八月中日戰爭結束，日本投降了，緊接著共產黨的部隊跟著到日照，日本佔領時，燒殺擄掠凌辱百姓，到處拉伕，共產黨入鄉初期打著「共產黨來了，人民一定有好日子過。」不久真面目逐漸露出來，將地方上有錢人以階級鬥爭手段抓去遊街，家有壯丁的人家也難逃被拉伕的命運。老百姓看在眼裡，發現日子並不像想像中能有所轉變，而心生害怕，為避免被鬥爭與拉伕，紛紛躲藏及逃跑。

有一次，父親的兄長不小心被拉伕，幸好他人很機靈，被拉伕了幾個月，趁著看管的人不注意時，就溜跑回來。當時家人就一塊商量，一致認為：在共產黨的統治下，也不會有甚麼好日子可過。因此，為了生存活命，二十多歲的父親和大伯父、三伯父一家帶著祖母、母親及兩個哥哥，和七舅、舅媽，跟著鄉親們一塊逃難到一個更安全的地方。

一家老小一路顛頗，祖母和我大伯母都是纏著小腳，從山庄老家走路到石臼所，再經石臼所搭乘免費小船到連雲港。由連雲港到上海這段路，就必須買船票。原先大姑一家也準備跟著一塊逃難的，但是在石臼所等船時，當天沒有船班，大姑又生病發燒頭昏爬不起來，就沒有跟著祖母去上海了。「誰知道母女一別，到死都無法再見到一面。」大姑的兒子高玉長很感傷的說著。

一大家子人為了買船票逃到上海，東湊西湊還湊不齊全家十幾口人的船票費用，正在一籌莫展時，沒想到父親竟然在路上撿到了一枚金戒子，這才解除了買船票的燃眉之急。急忙趕赴碼頭搭乘小風帆船，這艘小船的載客量只能容下五十位旅客，然而登上船要出發時，才發現船上擠滿了人，竟然已超載了兩百多人。大家也顧不得船身是否能承擔得起，小船只好一路載浮載沉地在海波裡顛盪啟航。遠望天邊迤邐的雲山，成行的大雁展翅飛翔，然而大人們對此去前途生死兩茫茫，心情是一片哀悽與沉重。

當時從石臼所準備逃離的人非常多，宋廣齊老師說：「家有未嫁大閨女的山東鄉親，在路上只要見到軍人，就磕頭下跪，只要帶我閨女走，就把閨女嫁給你吧！」場面一片淒涼。

生離死別乞討度日

到了上海，人生地不熟，盤纏用完了，沒有辦法，為了生活，祖母有時會去撿拾一些柴火，上街叫賣，或是打一點零工。實在找不到工作，沒辦法過日子時，也只好拉下臉，和母親輪流沿街乞討。肚子餓到咕嚕嚕叫，身上沒有半點能吃的東西，母親和舅媽就拿個小布袋，出門沿街挨家挨戶乞討一點剩菜剩飯。若是乞討不到吃的東西時，就到市場撿拾一些遺棄的菜梗，或削下來粗糙的菜皮裹腹。

沒地方棲身，就在上海平定路旁，撿拾一些破竹爛紙搭起竹棚子，四邊用一條被單來遮蔽風雨。

我是一九四八農曆八月在上海出生的，母親曾說過當時的生產經過，十分簡陋克難，她生產的那天，不巧所有的人都外出，沒有人在身旁。母親肚子很疼，知道要臨盆了，就走到蓬子外面，找了一塊隱蔽的地方。這時的上海正是初秋，天氣開始轉涼，她孤獨一個人使盡全力將我生了下來。待我哇哇落地，母親抱起了我，竟然也眼淚撲簌簌地直流，是感傷在這亂世中生下了我，無法給我一個舒適的環境，讓我一出生就面臨窮困吧。

我的兩個哥哥，在這段逃難的日子中，都是由父親用扁擔一肩挑一個，一路逃難到上海來。由於兵荒馬亂之年，物資匱乏，營養醫藥都不佳的環境，一個哥哥拉肚子，到小診所拿藥，竟然打了一針抽搐而死；另一個哥哥得了傳染病也夭亡。可以想見當時母親在這樣無奈的環境下，相繼失去愛子的無奈沮喪心情，也只有抹著眼淚，苦撐下去了。幸好隨著我的出生，多少也帶給她一些欣慰。

而從小就很喜歡我，經常抱著我逗我笑的七舅舅，到了上海以後，日夜思念他的母親，也就是我的外婆，深怕他母親一人在家鄉生活無著、孤苦無依；加上這種逃難飄泊的日子，他無法適應，便帶著妻小轉回日照老家了。臨走前淚眼婆娑地跟母親告別，還捏了捏我的小臉蛋說：「下次見面，又要長高了。」母親只能哭花了臉，無限惆悵。在那個時代的人，多少都只能走一步看一步，何時能再相見，誰都無法預知，只能將盼望放在夢中。

平定路的難民窩

宋廣齊老師的父親宋幹民先生，在他的「懷魯新一、二村」之來時路訪談稿中[1]，提起日照人逃難到上海的情形。一部分人是逃到了青島，也有些人是直接到上海。到上海的人比較多，大部分人都是停留在上海的平定路和定海路。住的地方則是聚集在平定路上，難民以竹竿、紙盒撐起一間間克難小茅屋；為了謀生大部分都選在定海路，鄉親都以買賣木材（上海缺乏燃料）、青菜、油條、豆腐……等等維生。因為欠缺資金成本，也只有靠勞力餬口，生活非常艱苦。

由於平定路是臨時畫出來的一條難民街，所以也缺自來水缺電，國民政府看到這一批山東逃難的遊民，也無法嚴格管理。等到上海也逐漸淪陷時，這一些鄉親才又一批一批的離開上海。

宋廣齊老師的父親是第一個帶著部分家眷離開平定路的，因為當時想要逃難的路線，都要事前先投石問路，再步步為營做好詳細的規劃。

當上海完全淪陷時，每一位留在上海平定路的鄉親們，都下定決心還是要跟著國軍走，訪談文章中提到，「共產黨力勸大家回鄉生產，更讓大家起戒心，深怕回到家鄉會遭

1 「懷魯新一、二村」之來時路訪談稿，由舒瑞利聯繫錄音，張玲菁整理撰文。

受迫害，表面上大家都唯唯諾諾，卻在暗中打算逃生之路——。」

在「山東日照同鄉在台六十年」一書中，秦應青女士的「憶童年」[2]文章裡，回溯她在上海的逃難生活，更是令人心酸。

「我們母女三人住在一間茅草蓋的小難民房裡，家徒四壁，一無所有。母親是舊社會婦女，纏過足，上山下海的活不能做。一家生計全落在我姐妹倆身上，而妹妹時年才六歲，不甚明事理只知跟著我去市場撿菜，有一次肉攤底下筐子裡有塊骨頭，妹妹頭趴下去撿，被肉商斥道：『是給狗吃的不准拿』。心裡想，媽的，人不如狗。」

「煮飯沒燃料，難民們都去江邊撈污油當燃料。我也跟他們去撈，用手捧著放到桶裡，桶撈滿了就提回家。母親將油桶接過去，摸摸我倆的頭，嘆口氣道：快去洗洗手吧。這樣的生活能維持多久？母親非常焦慮，必須設法另找生路。

友人建議母親把我送給人家當下女，母親覺得友人說得是，就託人介紹我去上海市區內一家雜貨店作下女，母親怕店家不要我，還將年齡謊報幾歲，說我十八歲了，其實只有十三歲。介紹人帶我去見店家，給他看中不中意。店家看過很滿意，因為我長得高大粗壯，叫我翌日就去上工。母親為我準備一包袱衣服，並託介紹人把我送去，從此當起人家的下女，住的是在貨物儲藏室裡靠邊處，放一張單人床，床上只有一張草席；吃的是剩飯

---

2 《山東日照同鄉在台六十年》一書中，秦應青女士的「憶童年」第三百一十七頁。

剩菜。工作是打雜，什麼都做。——」

亂世人命不值錢

離鄉背井逃難的鄉親們，除了生活上的困頓外，在這種亂世裡，人命更是不值錢，宋廣齊老師回憶他親身聽聞許多在逃難時慘絕人寰，令人怵目驚心的故事。

他說：「在上海我看見許多軍人擠上火車準備撤退，但是人實在太多了，人人都想活命，車廂裡人潮洶湧，人被擠成肉餅，上下動彈不得。上不了車廂的人，只好趴在火車頂上或火車車輪底下，這些人多半是青年軍，趴在車頂上的人必須手拉著手，緊緊的牽在一起；俯躺在火車底下的軍人，則以綁腿帶子牢牢地纏緊，倒掛在火車車輪下。在車頂上的人最可憐，一進山洞，一排人就嘩啦啦地被山洞頂刮掃下去，一下子就掃落了一大票人。旁人還來不及叫喊，一車頂的人就全不見了。悲傷驚恐的心情還未甫定，火車又將進入下一個黑乎乎的山洞裡，不知又將有多少人要被掃落去。在逃難時舉目四望，人人自危，這時才發現人命真的是一毛都不值。」

堂哥記得，「很多人為了擠上登陸艇逃命，根本是硬搶著完全不顧命的。」船不是合法的登陸艇，要開船時，艙門是往上拉，才能關起來。有時門往上拉還未關攏時，有人為了活命，硬是雙手扒住船艇門，不鬆手，狠狠地從豎直快要關上的船艇門上翻身跳進船內來，可見當時為活命而亡命逃難的倉皇度。

4 落難在舟山群島

一九四九年四月，當共軍橫渡長江，席捲京滬精華地帶，此時國軍浙江綏靖司令部派兵駐防舟山群島的首府所在地定海，正式開啟了國軍以定海做為反共基地之始。五月，上海保衛戰結束，上海地區國軍奉命轉進舟山，其中七十五軍、暫編第一軍、廿一軍、八十七軍納入新成立的舟山防衛司令部所指揮，成為防衛舟山的主力部隊。

八月一日，東南軍政長官公署成立，在舟山設立指揮所，統一指揮當地陸海空軍作戰，積極整頓戰力、強化防禦工事、建設機場設施，並將海軍海防第一艦隊移駐定海，執行大陸沿海關閉任務，計畫將舟山建設為「海上以攻為守、陸上寓攻於守」的堅強要塞。

這一年父母親及祖母、伯父一家子跟著日照鄉親一大幫子人，因著時局的轉變，緊隨著部隊從上海到定海。鄉親們紛紛搭乘一艘煤燒動力輪船，船艙很小擠滿了人，搖搖晃晃，不知經過多久，才抵達港口，船上的每一個人幾乎都餓到沒有力氣下地，聽母親說：「一上岸，看見青草都恨不得馬上拔下來吃一口。」可見那已經到飢不擇食的地步了。

宋廣齊回憶他和父母親從上海到舟山的經過，他說：「通常從上海到舟山，正常的航行二天就可以到了，但是不知為什麼，所搭的這條船，竟在海上行走了八天。每天只吃一些地瓜乾，這是由老家帶出來的地瓜，經過切塊曬乾後，裝在麻布袋中，以備逃難食用。

在家鄉女人出嫁時，父母親也會準備一大麻布袋的地瓜乾，作為陪嫁之禮。」

當船停在吳淞江口，四周炮火連天，宋廣齊說：「我們一家人是搭著一條五桅大船，船靠岸，共產黨來查船。船老大一看情況不妙，馬上把我們這一群難民趕到船艙底下。但是，共產黨只是裝腔作勢一下，嚇唬這群逃難的老百姓們，因為他們知道難民是『炸彈』會吃垮人的，想逃走就讓你們拚命的逃吧！」

這時，船上很多婦女及小孩，因為已經餓了許多天，有的人禁不起飢餓，紛紛舀著海水來喝，但是海水很鹹，真的無法下嚥。宋廣齊說：「當時我們搭的機動五桅帆船，夾在幾艘海軍艦艇旁。船上的人，很機靈的在船尾掛上國旗。這時海軍艦艇才慢慢靠過來，發現這艘小機動船上載運的都是難民，於是軍人就將船上吃剩下的飯鍋巴，一盆盆的遞到船上來給我們充飢。當時一口一口啃那些硬梆梆的鍋巴，都覺得是人間美味！」

舟山群島，是一個具有極高戰略位置的地方，它位於長江出海口、杭州灣及甬江出口的交會地帶，是控制浙江東岸及長江口外所有航道的重要出入口。

在明末張煌言、鄭成功等抗清志士，都曾以舟山群島作為圖謀恢復的據點，戡亂戰役後期，舟山自然也成為國軍反共復國大業的最前線之一。

宋幹民的訪談稿中[3]，談到鄉親逃難到舟山的際遇與他對局勢的判斷，他說：「由於

3　「懷魯新一、二村」之來時路訪談稿，由舒瑞利聯繫錄音，張玲菁整理撰文。

我本身曾擔任軍旅，對於滬杭線、浙贛線我都很熟悉。透過我個人直接或間接的關係打聽消息，就此打開了往浙江省舟山群島定海縣這一條生路。其它的同鄉也隨後分批陸續的雇乘著舢舨（來往上海至定海縣的小商船），一一跟我會合。從此大家更是相依為命，生死與共的生活在一起。

剛到浙江省舟山群島定海縣時，我們同鄉即各自想辦法討生活，真所謂寄人籬下不得不低頭。加上當地人對我們這一批人心存戒心，言語又不通，因此我們同鄉更是團結，赤誠相見。同鄉們主要是靠出賣勞力討生活，其次是賣烙大餅、饅頭、包餃子等等麵食，做點小買賣；另一部份的人則在碼頭擔任軍運物資搬運的苦力。由於當時的舟山群島定海縣仍是國民政府的前方補給港口，接受由後方臺灣省運送的軍用物資，以大米為主，港口完全都是人工搬運，也因此讓這些同鄉們討口飯吃，可以說完全是跟著軍隊討生活。當地無自來水供應，全靠著在屋簷下接的雨水沉澱使用。如果想喝品質好一點兒的水，就必須到幾里外的山溝提取，至於刷洗的水則提取就近的井水使用。一切的生活都必須靠勞力，非常艱難。」

那段在舟山群島定海的日子，對當年還是孩童的宋廣齊老師來說：「真是一段很難忘的日子，定海是一個魚多蛇多的地方，走三兩步就會碰到漫步在路邊的蛇。每家每戶晾曬在院子中風乾的魚，暖陽中帶著微微的腥味。每天望著海洋，打著水漂，讓我忘掉逃難中如此不堪的生活。」

而當地人死不埋土，將棺木放在井邊四個角落的習俗很特別。每家每戶在屋簷下擺放一個大水缸，接天上落下來的「天落水」作為洗食用的水，在今天看來還真是非常環保。在定海發生的每一樁事都吸引著宋廣齊年少時的目光。

堂哥張守任的記憶則是，「在舟山群島，沒有東西可吃，只有吃當地水產海蜇皮，咬在牙齒裡，很有韌性。而第一次吃到烏賊，更是稀奇，完全不知道是甚麼東西，但是味美無比的記憶，到今天都很難忘。」

雖然是戰亂，人心惶惶不安，但是對年少不識愁滋味的孩子們來說，不也是一種苦中作樂的好日子嗎？況且「人行千里路，不就是為著食和住嗎？」這不也是每一個千千萬萬升斗小民的逃難心聲嗎？

5 定海的一線生機

當舟山司令部奉命撤台前，在當地召募了許多難民壯丁，幫軍方運送煤礦及米糧。為了討生活，這群日照鄉親們，就近幫忙國軍部隊搬運雜物或做些打雜的零時工作。之所以會找到這一線生機，日照鄉親牟迺護先生說：「他父親牟屏西由青島直接到上海來，大約在一九四九年（民國卅八年）剛過陰曆年時，抵達上海找到我舅舅，住在上海的山東會館。過了一個多月，約在陰曆年的二月份，共產黨進佔青島，不久國軍大徹退，青島淪陷。父親在上海待到五月端午節，就決定離開，帶著全家大小往南移。當時舅舅在上海擔任商船上的事務長工作，就幫我們找到一艘小風帆船。帆船很小，只容十餘位乘客。一家人被塞在貨艙內，幾乎動彈不得。在大海中乘風破浪，幾番折騰，路上還遭到海盜襲擊，真是險象環生，吃足了苦頭。」

幸好不久，這船在定海沈家門漁港靠岸，這地方鄰近佛教勝地普陀山，一家人終於吸到了新鮮的自由空氣，積在心頭上的一塊大石頭才放下來。牟屏西先生會帶著家小來到定海，是因為打聽到有位山東老鄉在定海縣政府工作，沒想到就在這裡也碰到了來自日照家鄉的同鄉宋幹民先生。漸漸的家鄉出來的人也越來越多，定海這地方不大，土親人親，大家就聚集在定海港碼頭附近。儘管每一個人心頭上有無限個「何去何從？」的問號，也只能聽天由命了。

但是，一大家人坐吃山空，總不是辦法。牟迺護說：「山東代表徐達夫先生就請我父親想辦法，看看有甚麼門路，可以幫助鄉親們找些活來做做。」當時駐紮在碼頭邊的國軍部隊成員都是外省人，很同情這群山東老鄉，流離失所，就跟牟屏西先生建議：「你們這群老鄉乾脆組織起來，在碼頭上幫忙扛包卸貨，賺些生活費。」於是由徐達夫充當工頭，直接和刁站長聯絡，只要台灣來的補給船一到岸，工頭就負責招募鄉親們，一次十幾個人為一班，陸續分批上船扛包卸貨。

然而，隨著局勢越來越危急，國軍由北到南戰事節節失利，於是國軍自一九五〇年（民國三十九年）五月十二日起，開始執行舟山撤退計畫。從十三日至十五日連續三夜，駐舟山陸軍部隊藉夜間掩護，遵循秘密、迅速、安全的原則，依計畫分批搭乘中字號戰車登陸艦五艘、運輸艦艇三十六艘撤離舟山。

當部隊要開拔來台灣時，這群鄉親們眼看著戰火由北方往南方延燒，國民黨軍隊節節敗退，知道家鄉暫時是回不去了。前途茫茫，沒有退路可依，唯一可行的只能搭上部隊運輸船，跟著國軍部隊撤離，才是比較安全可靠的退路。但是這一群日照鄉親們都只是一般平民百姓，不具任何軍人身分，根本無法搭乘船艦來台灣。

6 拚死要登茂利輪

舟山群島大撤退計畫，從一九五〇年（民國三十九年）五月十七日開始執行，到五月廿日，駐舟山群島周邊的國軍部隊全數安抵台灣。此次撤退共撤出島上官兵十二萬五千人，以及各式戰車、火砲等重裝備。

十七日上午，為避免共軍阻擾撤退，國軍海空機艦更對當地共軍陣地、船隻實施攻擊，以掩護友軍裝載作業。撤退的所有船團以疏散隊形，在海空軍的全程護航下發航返回台灣。舟山撤退的完成，是三軍聯合作戰成功協調的完美演出，集中了陸海空兵力、強化台澎金馬的戰力，為往後保衛台灣開創了新局。[4]

宋廣齊老師曾經聽他父親宋幹民提起鄉親父老，搭船來台的經過。他說：「真是曲折離奇！我父親原先和所有鄉親一樣，在碼頭排班扛包卸貨，但是因為父親手指頭被炸斷，工作上有力不從心的不便之處。碼頭扛大包，所賺的蠅頭小利，只能勉強過日子，根本無法糊口，不過好運來了。」

4 （參考《蔣經國傳》，第一八七頁、《風雨中的寧靜》，第六十頁、《蔣介石日記》（手稿本），一九五〇年，「三十九年工作反省錄」）

有一天，軍艦船上的司令官無意間看見宋幹民寫的毛筆字，大為讚賞，打聽到是宋幹民所寫，就邀約他到司令部擔任秘書一職，但是才工作了一個星期，局勢就急速惡化，舟山島要大撤軍到台灣去。宋幹民獲得訊息，就去找司令官商量，「我們這些扛包卸貨人員，能否一塊跟著軍隊到台灣呢？」司令官回答，「這樣吧！我可以讓你們這群幫忙的人上船，但是船到基隆港時，能不能允許上岸，我是不敢保證的。」鄉親們口頭答應：「沒關係，我們自己想辦法，你只要把我們帶到台灣就好。」

這件事情，宋幹民的「懷魯新一二村」之來時路的訪稿中，有詳盡的介紹──「在舟山群島定海縣港口工作時，為了避免出現勞逸不均，應該有錢大家賺。透過老鄉們的共識，及組成類似工會的組織，並以戴帽子識別。無形中形成一個有紀律的團隊，才可以入東南補給區工作（以臺灣為主）。當時的東南補給區司令叫趙世瑞，站長姓刁，也是我們直接接觸的軍方首要人物。

就在三十九年五月十日左右。定海縣開始逐步撤退，眼看著港口停放重要武器，真是山雨欲來風滿樓，我們私下即有危機意識。以我們當時進退不得的處境，我們必須趕緊想辦法脫困。由於定海縣即將淪陷，當地人都早已逃離，所有的軍方物資、武器都必須靠人力搬運上船，才能撤離；此時我們決定毛遂自薦，為了避免上級起疑，事先透過集合少數代表人物秘密開會，宣布重點是向上級表現我們擁護國軍撤退工作，表示我們是忠貞愛國的國民。只要是家中的壯丁，都必須無怨無悔的幫助國軍撤退。我們自動分班分組，日以繼夜任勞任怨的配合國軍搬運，藉以獲得軍方的信任。

在工作告一段落時，我們即向刁站長申訴，國軍撤退以後，我們這一批人即將面對不可預知的未來，除了死路一條，別無他途。此時刁站長亦無奈表示無法作主，建議我們直接找東南補給區司令趙世瑞。我們就推派連我共四個代表，在刁站長陪同下一起去見趙司令。在刁站長極力說服保證下，趙司令終於勉為其難的拿出他的名片作為憑證，替我們背書，准我們隨軍運船（茂利號）活動。

終於在三十九年五月十四日答應我們上船。上船以後，由於是軍用運輸船，為了不造成軍方困擾，我們大部分的人都趴在大米包上。才剛就定位時，就來了一艘小船，斥喝我們老百姓怎麼可上軍用補給船？意圖阻饒我們，經過我們苦苦哀求、好話說盡，經歷百般刁難，才得以放行。途經沈家門島港口，看見很多部隊撤退的船隻，一路上，可以很清楚的聽見從別的島上傳來的槍聲——」。[5]

5 「懷魯新一、二村」之來時路訪談稿，由舒瑞利聯繫錄音，張玲菁整理撰文。

老弱婦孺藏身船底

據了解，所有日照鄉親們都聽到消息了，每家壯丁就根據指示一一上到這艘運補的茂利輪船，在甲板上集合。當晚，趁著夜黑風高，兩三百位日照鄉親的老少家眷們，則在彼此扶持下，每家壯丁不聲不響地將家眷紛紛攜帶上船來，躲藏在船艙底層。

船到了岱山暫停，下船裝運煤礦的軍方人員，這才發現船艙底下竟藏了一大群老弱婦孺。這下事情大條了，司令官下令，不准家小跟上船，因為這艘茂利輪，屬於江輪，船底是平的，無法進入台灣海峽，海風太大就會翻覆的。當時情況相當危急混亂，大夥一心想逃命。這些逃難的家眷，發現現場國軍荷槍實彈的要求難民家眷下船，要求大家換到港邊另一艘中小型的海星輪和天行輪上，茂利輪準備就地打沉。

此話一出，全船震驚，老少嚎哭成一團，宋廣齊老師說：「當場有的人要跳海，有的人則以頭撞船甲板，現場是一片混亂。此時我父親立刻跳出來大聲說：『國家是我們這群愛國草民的避風港，而政府是我們可憐同胞的父母官。國家有難，匹夫有責，我們不跟著政府走？要跟誰走呢？我們都是善良的老百姓，一心只想上船跟著部隊逃命，我們對國家和國民黨政府都是非常忠誠效命的，請給大家一條生路吧。』

就在此時，難民代表徐達夫忽然暈倒，站在一旁孫慧真的母親，立刻找來一根縫衣服的針，直接往徐達夫嘴唇上方的人中處，用力戳進去，他才幽幽地甦醒過來。」

在艦艇上的國軍部隊，一看這混亂的情勢一時無法控制，深怕後果無法收拾，準備開槍把茂利輪擊沉，不讓這群老百姓上船，同時強勢執行驅離換船動作。

就在換船當中，一位婦人手抱著小孩，一不小心，小孩子差一點掉入海裡去，幸好旁邊一位先生奮不顧身，一手接住小孩子，沒有掉下去，但是站在一旁孩子的父親，很悲傷地說著：「為了逃命，無法搭船，需要這樣換來換去，不如就這樣掉到海裡死掉算了。」這麼辛酸的悲鳴，不也是當時每一個人無奈的心聲嗎？只為了逃命，人心早就麻木了。

又有些人急了，一下子從茂利輪下船，又不顧危險，跳上停泊在港邊的海星輪，但是，被驅趕下來，又想跳上另一艘天行號船上。只見婦人嚎哭，小孩嚇得哇哇叫，宋廣齊老師對當時的場景依然深刻，他表示，「有一婦人急得直跳腳，馬上衝到船沿邊跳海，幸好被江輪旁的小舢舨船救了起來。還有一位婦人一聽到無法跟著家人上船逃難，立刻昏倒，引起一陣騷動，每一個人的心都像掛著一個吊桶，七上八下的，好淒慘啊！」

蕭培英大姊說：「媽媽上船時，船已超載。有人管制不准上船，我媽媽管他三七二十一，一雙手兩邊各夾著弟妹就先跳上船去。爸爸還在後面慢吞吞走著，媽媽馬上大叫：『快上船，晚了都上不了船了』。」

最後在幾位難民代表的多方交涉後，國軍才同意，原本由茂利輪要換到另一艘小一點江輪的，但是這艘船根本就是不去台灣的船，只好幫忙安排這群山東日照鄉親們重登茂利輪。

強押船員開船來台

「誰知道登船一事搞定了，船上開航掌舵的人卻有問題。」牟迺護說，茂利號江輪上的船員們都是江浙人，根本就不想跟部隊來台灣，沒辦法部隊只好派兵用槍強押著船員們開船。因為時局緊迫，加上物資匱乏，後繼根本也沒有任何補給船會再開來接濟了。唯有這艘最後的茂利江輪，有可能跟著部隊撤離。

不願隨軍來台的江浙籍船員們，開始抗議罷工，部隊國軍只好大聲詢問：「船上有哪幾個人懂航海，或是有航海經驗的。」搞了半天，只有孫岳東先生、牟敦宣先生有一點點經驗，一問之下，「他們倆人只有在小漁船上當個廚子，連羅盤是甚麼樣都沒摸過呢，沒辦法，沒有魚，蝦也可以，湊和一下吧！」牟迺護談到此事時，還很幽默地朗聲笑了一下。

船開了不久，這些江浙籍船員鬧情緒：「船的火力不夠了，不能開了。」一副準備撒手不幹的樣子：「火力不夠，加煤呀！」、「哪來煤？」有人喊了：「沒有煤？就拆船上的木製裝飾物吧！」大家一條心紛紛動手拆卸這艘載客用的江輪上面的桌椅板凳，拿來當柴燒。

這下可急死這些船員了，忙著大叫：「別拆了，別拆，火力夠了。」

在江輪上，眺望遠處烽火四起的沿岸城市，每個人心中對於前途茫然不知的無奈滄桑感，也讓不知天高地厚的小孩子們，感受到大人們寒著臉的焦慮心情，各個都很識相不敢大聲出氣。

在船上兩三天，只有少數的人在上層甲板上活動，其他所有人扶老攜幼都待在船底下層，隨著波浪東搖西晃的很不舒服，所有的人幾乎都沒有東西吃。有些人家隨身帶著少許煎餅，撳開一點點煎餅，沾著少少的水勉強充飢。牟迺護至今都很懷念當時在飢餓中，聞到江浙船員們蹲在甲板上，喝稀飯配著紅色豆腐乳吃時的那股難忘的香氣。

他笑稱：「到今天為止，我都覺得喝稀飯配紅豆腐乳，是人生最大的享受呀。」

一到台灣趕上颱風

一路上，高高的城樓在濛濛的迷霧中，逐漸遠去變得飄渺無蹤了，「故鄉再見了吧！」每一位離鄉背井的人，內心裡都默默地這樣念著。

這艘江輪對台灣航道不熟悉，只好在海上尾隨著軍艦、商船航行。

上海到台灣大約三百海哩，商船一天就可以抵達基隆港灣，而江輪火力不夠，比較慢，要三天才能到達。

父母親在一九五〇年五月十七日上船，五月十九日上午平安抵達基隆的三沙灣碼頭，母親曾經告訴我說：「我們是很幸運的，在船上一路上都是風平浪靜。」

表弟蕭培興從事船員工作幾十年，對於台灣海峽的海象特別了解，他則告訴我說：

「依我多年航海經驗，台灣海峽從五月到九月這期間，海上風平浪靜，搭船很舒服，這也是最適合航行的季候。九月之後才是颱風季節。」

但是很不巧的，就在大家憂喜參半抵台的當天下午，颱風就來了。這是日照鄉親們到台灣，第一次收到颱風送來的見面大禮。

後來，這艘被押著來到台灣的茂利號江輪，就一直停靠在碼頭邊，擺了幾十年，最後被當成破銅爛鐵給拆卸掉了。而當年不甘願跟著來的船員及船長們，後來聽說船長在台灣銀行邊擺攤賣香菸。其他的船員也不知散落何方，「這真是一個無奈的人生啊。」牟迺護以幽默的語調說著。「人的際遇半點不由人，都是命。跑得快趕上窮；跑得慢窮趕上。只有樂天知命啦！」

但是，對舟山百姓來說──這真是一場人間大浩劫。

根據國防部舟山撤退檔案資料顯示，撤出官兵「十三萬六千七百七十四人，以及義民三千人」中，其實包括了一萬三千五百廿一名被抓的舟山壯丁。[6]

可想而知，這樣撤退的結果，造成了成千上萬的家庭，妻離子散、骨肉分離、家破人亡、哀鴻遍野。

6　（參考《蔣經國傳》，第一八七頁、《風雨中的寧靜》，第六十頁、《蔣介石日記》（手稿本），一九五〇年，「三十九年工作反省錄」）

7 望著基隆港嘆息

從舟山島撤離，經過千辛萬苦的登船航行，在船上，既缺水又沒有食物可吃。擁擠不堪的艙內，每一個人背靠背斜坐著，無法自由走動，也無法成眠。朦朧中大人囈語、小孩呼喊著媽媽哭鬧著，四周是一片喧嘩。

終於，船在基隆三沙灣靠岸了，但是，當時東南長官公署署長陳誠下令，不准身分不明人士上岸入台。一般入台人士，要不就是隨軍隊運兵運煤入台船隻人員，要不必須辦有入台證，並具有三位在台人士的保證，而且還要不曾為共產黨工作人士，方准予放行上岸。

因為我們這一群日照鄉親都沒有入台資料，所以一時間無法下船，因為入海關要受管制，必須等待調查。

不久傳言四起：「怕有匪諜混入這些日照老鄉的人堆裡，所以船到基隆港口，不准這一夥人上岸。」然後，又有人聽說：「要把整船人送到火燒島去。」大家嚇壞了，有婦人拼命哭，有人狂叫抱怨，其中有一個年紀較大的人，索幸跪在地上拼命地叫喊著：「天不容人呀！」

從「懷魯新一、二村」之來時路，訪宋幹民的文稿中，對當年日照這一批鄉親，抵達基隆港時的情況有著很詳盡的說明。

「在海上經歷三、四十個小時，三天四夜，終於在三十九年五月十九日到達臺灣三沙灣靠岸，剛靠岸才三個小時，即碰到臺灣刮颱風。使得原本就臭氣沖天、髒亂不堪的船艙，更是雪上加霜。

船剛靠岸時，基隆的聯檢處立即扣押船，因為軍船違規承載三百多名老百姓，所以全部不准下船。在此時只好另想辦法，我就拿了兩包煙，寫了一張紙條，託一位班長，捎個信給我的弟弟，他在警港所上班（他在民國三十八年已先到臺灣）。找到了我的弟弟，他馬上就來看我。我要他馬上想辦法保我下船，他很快的找了四個人來保我，但我不能丟下船上的同鄉不管。可是憑我單薄的力量，又如何能辦事呢？我就再麻煩我弟弟，再找多些人來擔保，好讓更多人可以下船。人多好辦事，緊接著共保出徐達夫、牟屏西、劉功甫──等四個人，保出來以後呢？我們立即四處奔走，找到臺北山東同鄉會、山東日照國大代表、趙墨齋、丁致和、賀仁菴（日照航業鉅子）等等。等找好這些關係，又接著去台北和平東路找山東省府主席。」

根據宋廣齊的了解，「我父親他們一共四個人，第一次去見山東省府主席吃了閉門羹。第二天上午他們重新整理門面，再度造訪，才終於見到了秦德純主席。三個人推派我父親代表發言，我父親以『山東義民代表，叩見主席』為開場白，並表達了無論如何都抵死不被送回大陸的決心。這個時候秦德純主席就馬上答應幫忙了。」

從宋幹民的訪談中，知道山東省府主席秦德純不但和山東省議長裴鳴宇先生聯絡，他們還在當天下午再去見秦主席，秦主席還特別交代，「回去轉告同鄉，務必安分守己，別闖禍，下午將帶五千元來接濟鄉親們。（每人分到約十七元，當時的麵粉一袋約三十元）。」果然，當天下午在裴議長的陪同下，到碼頭上來探視難民，「由於船上實在太髒亂，他只好隔著兩條船，對著船上的鄉親們說話。他表明會想辦法讓大家下地，希望鄉親千萬記住老老實實。當下他馬上打電話找聯檢處劉南賓先生，過一會兒劉南賓先生馬上開著吉普車來見秦主席，表明事情已辦妥，鄉親們終於展露出笑容。」

在這段等待的期間，宋廣齊還記得，日照航運鉅子賀仁菴先生三不五時就到碼頭邊上，來看這些日照鄉親們，隔著岸邊他拼命的向大家揮著手：「不用擔心，我們會為大家想辦法的。」那份對鄉親的關注之情，至今都令人懷念與難忘。

第二天下午，為安排這群日照難民下船，國防部特別派員先進行上岸人員的搜身動作後，再由軍方派出五十多輛軍用卡車，直接由碼頭將兩百多位難民集體送到基隆市精一路的原日本砲兵學校（救國團育樂中心現址）。由聯檢處劉南賓先生負責，門口設立崗哨由衛兵就近看守。他還一再交代：「大家在此處要安分守己，並注意安全，靜候秦主席替大家想辦法。」

為了能讓日照鄉親們合法入境台灣居留，山東省府主席秦德純先生特別發了封公函到入出境管理處。在得到允許補辦集體入臺證的好消息後，大家原本憂慮沉重的心，這時才稍稍放下。然而，對他們來說，這段極為艱辛痛苦的遠行，並非終點，遙想未來仍是條漫漫長路。望著基隆港，海濤拍打著岸邊，發出嗚嗚咿咿的聲音，有如這群來自北國鄉親們哀戚的嘆息聲，傳向著這座陌生的南方之島。

8 不賣茶水的茶室

窩在船上無法下岸，五月的台灣已開始熱起來了，海風吹著暖暖的熱風。船艙裡汗臭味和著飯菜的餿味，和人的體臭味及死老鼠的屍臭，聞起來真是讓人連連作嘔。

牟迺護的爸爸遠遠看見三沙灣沿岸，掛著許多市招，上面寫著「茶室」兩個大字，就吩咐他拿著兩個小水瓶去買點茶水。因他是小孩子，站崗的哨兵，比較不會去注意小孩子。他走下船來，一路進入掛著「茶室」的店裡東看西瞧，就是沒發現有可以付錢取茶水的櫃台，好不容易看見一間小房間裡，床上正躺著一位小姐，因為他不會說台灣話，用比手畫腳方式，一手拿錢一手拿著水瓶，那小姐不理他。他進到另一間「茶室」去，還是沒有看見賣茶水的櫃台。只好悻悻然回到船上，把情形說給爸爸聽，爸爸一直怪他：「怎麼這麼笨，連去買茶水，都買不回來。」

多年後，才明白台灣的「茶室」是男人去找女人的地方，和青島、上海所見的，掛牌子賣道地茶水的「茶室」完全不一樣。每一個人只要你想喝熱茶水，拿著一種內含膽囊瓶，具有長效保溫效果的水瓶，走進「茶室」付錢，將茶水灌入水瓶中，這在青島、上海是一件極為平常的生活瑣事。

9　光華巷的難民村

「光華巷到了，下車的人請往前走。」劉太鳳每次搭乘基隆客運在這一站下車時，心中都會留下一股暖暖的感覺。光華巷早就改為東明路一六一巷了，但是客運公車還設有「光華巷」的站名，難怪她會對這站名如此親近。「懷魯新一、二村」是在一九五〇年沿著山坡的巷子裡，為第一批來台的山東日照難民蓋的難民村，地址就叫做光華巷。她從小就住在這條巷子裡，這裡就是她熟悉的家鄉，雖然她的父母遠從山東日照來的。

雖然，而今的光華巷「懷魯一、二村」，半山上的一村，已經改建，但是遺址仍在，而山下的二村，兩排併行的小房舍，中間隔著一條狹窄如羊腸般的小巷弄，從四周傾斜的廢墟房舍中，依稀可看出六十多年前，每一戶約為五坪大的方形小格子房舍。每間屋內，只夠放一張大床，全家橫排睡在上面，幾乎不能翻身。下床來一個小過道，拉開門，對面人家的大床，躺睡著幾個人，立刻給人看光光。

甚至撐起屋內唯一往外推的小窗，就可和背對的那戶人家，相互打招呼。頑皮的孩子們還會互做鬼臉，丟紙屑過來，真可說是「雞犬相聞」。

蕭培英對懷魯村的印象格外深刻，「這房子真小，約為五坪大，一張大床擺下去，就沒有地方可以站了。小巷弄也只能剛好兩個人擦身而過。燒飯時，每家生的煤炭爐子，交錯著擺在門口，要過去，就只能東拐西拐跳著走。」有時她媽媽將爐子放在屋內，一放學一定要出聲喊：「我回來了！」否則媽媽還來不及將爐子挪開，她用力把門一推，慘啦！放在爐子上的炒鍋，立刻應聲倒下，因為屋子太小了。

她說：「當初房子都是用竹子搭蓋的，再用泥巴抹上。冬天勉強可以防風避雨，夏天一到，經大太陽一曬，就很慘了。塗抹在竹子上的泥巴，氣溫一昇高，就會一坨坨地掉落下來。透過竹編的隙縫，將隔壁鄰居家看得一清二礎，有些人家不得已只好釘上紙板把隙縫擋一擋。颱風來了，泥巴糊的牆，怕撐不住，全村人都跑去台肥廠大禮堂躲颱風。」

光華巷是一個獨立封閉的難民聚集的村落，村子大門出口有幾棟日式庭院房子，住的都是肥料廠高級主管，或是逃難來台灣比較有錢有勢的官宦人家，但是現在都已蓋了大樓。離光華巷較遠的肥料廠附近，則是住了一些在肥料廠做粗活工作講台灣話的

狹窄的巷弄依稀可見六十年前的昔時光景。

閩南人家。中間有一大片沙地，是光華巷的孩子們最愛去嬉戲的地方。現在肥料廠早已關門，變成一大片停車場。

值得提的是，一村後面有一口深井，一排公共廁所，「現在可是整齊乾淨多了！」孫慧真理事長很認真的說著。這口井、這排公廁都是懷魯人曾經有的共同記憶。

俗話說：「十年修得同船渡，百年修得共枕眠」茂利輪上的這一船人，約為一百多戶人家，將近兩三百人，大部分都是來自山東省日照縣，不是鄉親就是街坊鄰居。能夠同船共渡還共飲一口井水，都是累世修來的福報與緣分。

因為他們才有懷魯村

父母親攜家帶眷跟著這一群鄉親們飄洋過海，冒險患難才能安抵台灣，落居基隆光華巷。他們生前經常為我們講訴住在光華巷的過

斷簷殘壁的懷魯新村，有些屋子都荒蕪了。

懷魯同鄉會會址，原來是當年光華巷每家五坪大的住家，一張會議桌就擺滿了，真是狹小。左起一孫慧真、左三張秀清、張守玉、蕭培英、蕭培興。

往佚事，尤其是幾位特殊人士，如徐達夫先生、宋幹民先生、牟屏西先生、劉功甫先生、劉安棋先生、劉南賓先生、牟希禹先生，及台北山東同鄉會、山東日照國大代表趙墨齋先生、丁致和先生，及日照航業鉅子賀仁菴先生，山東省府主席秦德純主席，山東省議長裴鳴宇先生，山東國大代表趙庸夫先生，和當時基隆市市長湖南籍的謝貫一先生。都是我自幼耳熟能詳的「光華巷」貴人。要不是靠著他們豐富的學養、智慧及應變能力，大力奔走籌畫，才能在基隆市光華巷（現為東明路一六一巷）劃出一塊地，蓋了一所一九五〇年（民國三十九年）平民來台的第一座山東日照人的難民村。

其中熱心且又有能力的日照鄉親，包括學識豐富、思考細緻有遠見的徐達夫先生；口才一流，寫著一手好字，頭腦清晰，組織靈活又善於交涉辦事的宋幹民先生；見多識廣，人脈廣闊，又具有建築師執照的牟屏西先生；和生性慷慨豪邁，樂善好施，仗義疏財，出錢出力，鼎力相助的「華北航業鉅子」賀仁菴先生。

為了讓這些鄉親們能在此地安家落戶，首先必須先找塊地蓋些簡單的房舍，供這一百多戶人家居住。當時縣長牟希禹也跟著政府撤退來台，因為牟屏西先生曾經與他共事過，所以來台後，透過他和當時基隆市市長謝貫一的關係，取得懷魯新村的土地。接著籌措興建房子的經費，透過宋幹民、牟屏西、徐達夫等人在基隆、台北間的奔走，找到劉安棋先生、賀仁菴先生，透過各界的捐款，及以賀仁菴先生輪船公司的名義作抵押，向大陸救災委員會，申請無息貸款一萬多元，如此湊合著，籌蓋房舍終於有了些眉目。

地有了，建築費用也有了，找誰來設計蓋房子呢？牟迺護說：「因為我父親牟屏西曾經就讀山東青島大學建築系，雖然才念了一年就逃難了，但是原本在老家日照縣做的是修築公路的工作。所以對設計建築有一些心得，大夥就推我父親設計了懷魯新村的建築圖。」

當時設計有兩款，夫妻帶一個小孩的人家，就分長、寬各為二•一米的房子，若是一戶有三個大人的人家，就分得長、寬各為三米的房子。大概每戶平均為五坪大小。

他又說：「我父親帶著工人建房子，房子蓋得很簡陋，只蓋一個框框，牆面是先以竹子交叉方式支撐起來，兩面塗上泥巴，地是泥巴地。有點錢的人家，就買點水泥鋪一下。蓋好的初期這裡沒有電，上面的一村又缺水，只有下面的二村有水，都是用台肥二廠的井水，水質不佳。但是大家都很守分團結，沒有人爭吵，大概蓋了二三個月就完成了，蓋好後以抽籤方式分配。每一戶人家都很滿意，畢竟有了一個窩可以避風雨了。」

至於為什麼取名懷魯新村，宋幹民的訪文中提到：「當初為懷魯新一、二村命名的人，即當時住在基隆的山東國大代表趙庸夫先生。」

住在「懷魯新一、二村」的老人都已凋零了，但是當年這座難民村在這些人的同心戮力下，無論是在團結鄉親，爭取安家落戶福利上的執著努力，還是在籌建經費的煞費苦心，大家都盡心盡力，在這患難的時代中，更見到真情的可貴。而新生的第二代感念先人的篳路藍縷，從這塊寶地上帶著山東人特有的堅毅性格，從「懷魯」出發，不論是出外讀書或打拼事業，每一個人都非常有成就，難怪有人說「懷魯新一二村」擁有能發家的好風水。但我更深信那股來自原鄉土地孕育「謝天謝地」的感恩傳統，才是更重要的吧。

古人常說：「飲水思源，人不忘本」台諺也說：「吃果子拜樹頭」都是在告訴人們，對過去幫助我們的人，或是親身經歷過的事物，無時無刻我都懷抱著一份感恩的心。

10 難忘「懷魯」的日子

住在懷魯新村的人都是一般平民百姓，為了求生村只好大家各憑本事找工作維生。大部分人都是賣包子、饅頭、大餅、賣菜、賣西瓜做點小生意；有一部分人則是去拉三輪車、挑水肥、到肥料廠做工及開當舖、開酒吧間。

光是做小生意，和當地人在語言溝通上就發生不少笑話，蕭培英表示：「我爸爸做小生意賣菜，但是他不會說台語，有本地人問他一斤多少錢？爸爸大聲說：『八角！』本地人就很生氣的回他一句：『哭夭！八角。』實際上是這個本地人以為爸爸說的『八角！』是日本罵人『八格野鹿』的話。經解釋雙方才化解誤會。」

當年她爸爸闖關東，所服務的公司老闆是日本人，多少也會講幾句日本話。在市場賣菜，她爸爸和本省人很能打成一片。在基隆港口船員一上岸，帶來魚貨，他就跟他們買魚。通常是冬天賣魚，夏天賣西瓜。有時西瓜賣不完，他都是拿回來叫小孩子們吃掉，小孩子認為，吃了「賣不掉的西瓜，會拉肚子耶。」她爸爸總是笑咪咪的說：「熟瓜吃了會肚子疼，生瓜吃了沒問題。」

國小時，由於語言上的隔閡，經常會受到很多委曲，蕭培英說回憶同學都會用異樣的眼光看著她並罵她說：「你是山東人。」回家告訴媽媽說：「我不要當山東人。」媽媽問：「為什麼？」我說：「同學們罵我是山東人。」

她還記得住在村子外，靠近肥料廠附近的人家，都是屬於中低收入的本省籍同胞。那時台灣小孩看見這群外省小孩，就會用日本話說「八格野鹿」，她說：「雖然我們聽不懂他們說話的意思，但是從對方的表情上，還是可以猜出是罵人的話，這時也會回一句山東人罵人的粗話：『操你娘，臭屄！』然後拔腿就快跑。」

此外，本省人吃的食物和山東人的不同，蕭培英小時候經常聽見本省籍媽媽在黃昏時叫著她家小孩：「阿義，趕緊去田裡摘地瓜葉煮菜呀！」每次聽到她都很納悶，心想「地瓜葉不是給豬吃的嗎？為什麼台灣人都拿來吃呢？」還有一種鵝仔菜（A菜），本省人都很愛吃，這種菜是餵給鵝吃的菜，以前山東人是根本不吃的，她說：「我看見小學同班同學便當菜有這種菜，非常的驚奇。」

懷魯新村每戶人家都是門對門，這群昔時住在這巷弄的第二代人，回來探看，才深刻體會出父母輩們的居住環境。

貧窮和多產之家

窮，在五十年代對每一個人來說都是家常便飯。蕭培英說：「那時候上學帶便當，窮到沒有菜可以帶，媽媽就給我帶一顆臭鴨蛋。在教室裡我都不敢打開來吃，因為臭的鹹鴨蛋，還真臭死人了。同學聞到每一個人都捏著鼻子，笑到不行。」

「中午放學回家吃午飯，家裡窮到幾乎沒有飯可吃，只好又餓著肚子到學校去上課。」這是大妹秀清所嚐到的窮困滋味。

蕭培英上小學時，冬天很冷，家裡食指浩繁，沒有厚外套可穿，所穿的薄衣，根本禦不了寒。為此只好把家裡可以穿的衣服都穿上身，有時還可以穿了十件八件之多，但還是擋不了寒風。每年冬天外出，都得裹成厚厚的一團，她笑稱：「活脫脫的像一個絨毛球般。」

當年生活困苦，物資缺乏，沒有多餘的錢買衣服穿。她說：「媽媽就將她的錦緞長旗袍下擺，剪下一截給弟弟做個瓜皮小帽。過了一陣子，再剪一截下擺，給我做一件短棉背心。」

小時候五毛錢，就可以買一套燒餅油條吃。每天早上上學，她吃著燒餅，遠遠看見肥料廠一批批牛隻，正拉著肥料出來。牛羚叮叮噹噹響，她就和鄰居小朋友一起偷偷爬上牛車上，趴在肥料包上，不讓趕牛的人看見，一路很開心。到了校門口才跳下車來，她說：

「真是回味無窮的日子。」

但是在那個重男輕女的年代，因為父母親孩子生得多，生活壓力大，都不讓女孩子受更高的教育。蕭培英因為家裡窮，無法再上學，每天看到小學生放學，眼淚就噗簌簌地掉下來。

她說：「以前媽媽很會生，一生七、八個，是家常便飯。大通舖睡一大堆，還記得張傳任家生的最多，晚上睡覺前，張媽媽都要點名，怕有孩子還在外面玩，忘了回來。現在豪頂飯店的位置就是當年的肥料廠，附近是一片沙地，夏天天熱，小孩子們都會躺在沙地上乘涼，或是躲入防空洞。夏天有人就直接睡在防空洞，這地方冬暖夏涼很舒服的，難怪有些小孩子呼呼大睡，忘了回家。」所以孩子生的多的家裡，睡前媽媽都必須點名，少了一個，媽媽就一邊走到肥料廠去，一邊拉開嗓門大叫：「小湊，回家啦！」

光華巷口有一個助產士，她只要做光華巷的接生生意就夠了，所以每家媽媽要生小孩時，幾乎都是指定這位助產士來家裡接生的。齊魯新村是塊寶地，每家都是多產之家，像我母親生我加上後來的五個弟妹，連同早夭的兩個哥哥及流產掉的兩個孩子，母親等於前後共生了十個孩子。

蕭培英家兄弟姊妹共有六個，她和最小的妹妹差了十六歲，就像我和我小弟也差了十八歲，每次她和最小的妹妹逛街買東西，人家都會說：「你去問你媽媽，看看她的意見如何？」記憶中，我上大一時，還抱著兩歲的小弟，去跟女朋友約會呢！女朋友還以為是我生的小孩，嚇壞了。

苦樂中的患難生活

一九五五年到一九七五年間越南戰爭，基隆港因為越南美軍大兵來台度假，一時基隆的酒吧間、拉三輪車的生意非常興隆。三輪車的載客地點以6－12號碼頭，拉載到外國客人的機會最多，屬於好地段。

這些拉三輪車、開酒吧的山東人，為了因應趨勢賺外國客人錢，總要學說幾句洋涇濱的英文。蕭培英還記得，她爸爸當時還請人來家裡教外國話，「Pen be one son 盆－比－碗－深」、「One be day son 碗－比－碟－深」爸爸一面學念著，一面揮手叫她快點用筆記下來，因為速度太快了，她大喊：「爸爸，他說得那麼快，這能記下來嘛！」

當時要吃到一顆蘋果，可是多稀罕的事，基隆經常有走私來的蘋果，非常甜又很香。蕭培英的爸爸買了一顆蘋果，晚上回來，會一個個把她們六個小孩叫起來，然後用小刀輕輕的將蘋果削好，再切成一小片片。每個人吃一片，也許是稀少的關係，多年後那股甜滋滋的餘味，還是回味無窮。

提起當時的生活，很有趣，劉太鳳說，小巷弄只容兩個人擦身而過，幾家炒菜幾家香，每一家都會聞到。小時候，大哥哥們會去抓田鼠火烤來吃，田鼠用火一烤，整條巷子臭到不行，連關上窗子都聞得到：「真臭！」但是大哥哥們吃了田鼠肉，每個人都說：「鼠肉真好吃。」

光華巷懷魯新村的公共廁所都是設在屋外，很簡陋，一條像水溝的大糞坑，上面鋪著一條條木板，一年挑水肥一次，這些水肥可當肥料澆灑農作物之用。有時糞坑裡的水肥太久沒人來挑，都滿溢出來，一條條雪白色的蛆，在踏腳處的木板四周游來游去，「真可怕呀！」，有時大便便祕，幾天才上廁所，糞便又硬又臭，一拉下去，「噗通」將糞池中的糞水激了上來，淋了一整身，好噁心呀！

有些調皮的小孩，上廁所時，會將一種粗劣的灰色草紙擦完屁股後，順手往隔壁間的廁所裡一甩，拉起了褲子趕緊跑，隔間正好蹲著上大號的老奶奶，一見這坨骯髒的草紙扔進來，立刻大罵：「是那個狗日的！（混蛋之意）」

懷魯新村裡的外省與山地配也堪稱絕配。蕭培英說：「當時來台灣，有些人是光棍，沒帶太太來，都是娶山地老婆。山地老婆經常要求我幫她去買酒，還記得那時雜貨店賣米酒，可以一杯杯的買。買來後她爽朗的喝完酒，就要我教她包水餃。她包水餃無法拿捏大小，每一粒都包得又大又鼓，每一次都讓拉三輪車的先生哇哇大叫：『包太大了』。這些老鄉娶山地老婆當寶，都是老公做飯燒菜，這些山地媽媽有些人臉上都還有刺青呢！」

從懷魯走出一片天

在這裡成長的每一個人，彼此間都有份同患難共榮辱的情誼。蕭培興說：「日照來的人都是靠勞力吃飯，晚上沒有什麼娛樂生活，每一個家庭都很和樂。當時還沒有電視，下了班回家就是吃飯、睡覺。家裡為了省電，裝的燈泡度數都不足，燈光都很暗，每一家孩子都很會念書，為了減輕家中開銷，只好在路燈下唸書。村裡的小孩有讀建中、台大，出社會到台北做事賺錢，改變了生活環境，成家立業各個都搬離基隆住到台北去。」蕭培興一家在民國五十六年就搬出去了，後來他們家到台北開山東小飯館，也賣水煎包，生意做得很不錯。

我家住在懷魯新村的時間不長，大約三年多，一九五三年（民國四十二年）生下我大弟張守嶽後，因為父親在三重埔織布廠找到一份織布的工作，就舉家搬出這裡；但是父母親及我嬷嬷還經常到這裡來探親戚，東家西家發生的大小事情，我都聽聞到耳朵都長繭了。

蕭培英說：「三姑家（我的母親）賺點錢，就培養孩子讀書。三姑父（我的父親）很節省，但是他人又很客氣。每次到基隆來，一定帶著當時很流行的雞冠牌高筒型的餅乾和牛肉乾來，送禮給我爸爸，而且每次來，要回家時，我要幫他叫計程車，他都不肯，就這樣一路走到火車站去搭車。所以他們家的孩子都很爭氣又孝順，都在國外有很好的發展。」

孫慧真在民國四十六年遷出光華巷，她還記得我的嬤嬤，她說：「每次你家奶奶忙著車衣服，你一哭，媽媽就說，玉孩兒哭了，你快去抱抱他吧。」她是生長在懷魯新村內的傳奇女性之一，這位十幾歲就嫁人，結婚後和說媒成婚的先生因為個性不合，就選擇離婚。憑著一股不服輸的女性毅力，在四十七歲還進補習學校讀了五年的書，以彌補年輕時的失學之憾。

越戰期間在基隆做賣私酒的生意，她記得，「拜美國大兵之賜，商船進港，我幫著帶私貨送委託行，後來跟大批發商很熟，開始做外國酒生意，賣洋酒給台中酒吧間。酒錢收完，再搭夜車回台北，第二天早起再回家送孩子上學。」

每次她上船買私貨，當年她年輕瘦削，為了多帶一些絲襪下船，賣個好價錢，她將絲襪一雙雙穿在腳上，每次幾乎可以套個十幾雙，下了船，再一雙雙脫下來送到委託行去賣，賺一些差價。

上船次數多了，引起海關人員注意，陶侃她說：「小姐，你剛剛上船是瘦瘦的，怎麼才一會兒功夫，你就變胖啦！」她只好硬掰著說：「因為你們船上的東西很好吃呀，我一上船大吃一頓，自然吃胖了。」

而頗具知名度的大千典精品負責人秦嗣林，從小也住在懷魯新村，小時候經常跟著他媽媽到三重我家來。那時候我家已開始做家庭棉襖工廠，他媽媽來家裡撿拾一些製作棉襖剩下的零頭碎布，回到基隆再用手工縫製成小孩子的鞋來賣，以貼補家用。他曾經笑稱他媽媽賣的是「黑心小鞋」因為家窮沒有本錢，只能在簡單的紙糊小娃鞋外縫上碎花布。他記的有一次，他陪媽媽一起去賣娃娃小鞋，遠遠來了兩個小姐，跟媽媽買了兩雙小鞋，付了錢，走沒多遠，就將這小鞋丟進垃圾桶裡。她們覺得這小鞋根本不耐穿，但是看見賣鞋人家的貧困，不想讓他們覺得難堪，只好用買鞋的方式，拿錢幫助他們。

他表示，他非常珍惜過去在懷魯新村的日子，能有今天的成就，他內心充滿無限的感激，對同鄉會他出錢出力。

至於其他人，蕭培興如數家珍的說著：「費家在台北開當鋪，做得很不錯，而宋廣齊家住在一村，他父親宋幹民則在衛生所當秘書。後來衛生所將救護車停車位挪出來，做了眷舍，前有大院子，共八十多坪，宋幹民他們一家就搬走了。宋廣齊他們兄弟都很會讀書，台大外文系畢業，在基隆省中教書，各個都很有才氣。而新村有些第二代，就去跑船或在海事專科學校教書，並訓練一些帆船國手，像劉太昌及舒瑞英等人。有些人從懷魯出去，到外地闖蕩，都闖出很好的成績來。」

為了凝聚懷魯同船共渡來人的第二代鄉情，由舒瑞英、劉太昌、舒瑞利等人將過去居住在此地第二代結合起來，在二〇一〇年（民國九十九年五月）正式成立懷魯同鄉會，並推舉舒瑞英先生擔任懷魯同鄉會創會會長，舒瑞利先生和他的夫人張玲菁女士擔任總幹事，為懷魯過去的耆老們進行口述歷史的紀錄與整理。不但如此，舒瑞利先生表示：「還

2010年基隆市懷魯同鄉會成立大會，暨來台60周年慶，會後全員合照。（舒瑞利先生提供）

這是代表懷魯人精神的同鄉會會旗。（舒瑞利先生提供）

特別設計製作懷魯同鄉會的會旗，以基隆燈塔為主軸，一望無際的海灣及一條船，代表著懷魯人同船共渡來台打拼的精神。」以傳承山東人禮儀之邦的美德熱忱，和台灣這塊土地上的風土人情作大融合，相互支持互助。

在懷魯新村的舊址上，靠著舒瑞利和張玲菁兩人的熱心，將懷魯新村已殘破的房子整理乾淨，設立了同鄉會會所。他們希望過去對齊魯新村出錢出力有貢獻的人，將來能透過口述歷史方式，留下一些紀錄，讓更多的懷魯人能了解先人們曾經走過的歷史；藉著同鄉會，讓傳承第二代、第三代懷魯人，能有共聚一堂的機會，相互鼓勵切磋，讓懷魯精神永續長存。

就像蕭培英說的：「在光華巷子裡，跟我同年的好姊妹大約有七位手帕交，號稱七仙女。每一次見面，我們七個姊妹，即使很久不見，但還是有很多話可以說，講個幾天都講不完。為此，我們不管長大出嫁，搬離光華巷，到今天幾十年了，都還保持聯絡，每個月聚會一次，唱唱歌，彷彿回到兒時般。」

「當我們同在一起，你對著我笑嘻嘻，我對著你笑哈哈。當我們同在一起，其快樂無比。」口中哼著這首歌，讓我對懷魯新村的日子，懷念不已。

第二部　臺灣篇

第三章　童年

成長的流金歲月

1 飢餓是種深沈的痛

現在這一代的年輕人大概很難想像饑餓是種什麼滋味了。雖然我是父母親在離鄉背井大逃難時，生下三個男孩中唯一倖存的，但是生不逢時，一出生就飽受挨餓的折磨。因為母親逃難，沒有東西可吃，身上的奶水又不足，我想我應該在半饑半飽的狀況下，一路跟著父母逃難的。挨餓的滋味，對我而言是很深刻的記憶，一輩子都忘不了。

母親曾經提起她在上海揹著年幼的我沿街討飯，又討不到東西吃的慘痛記憶。提著小籃子，守在當地人門口，看著裏面的人切著鹹肉炒青菜，一陣陣飄來的香味，母親說：「肚子餓到轆轆的叫，也只能乾嚥著口水。」那戶人家主人嘟囔著對揹著孩子來要飯的母親，也不肯施捨一點點殘湯剩飯。回到搭棚子的住處，母親涕淚滿腮，抱著年幼的我愈說愈傷心。

原先全家搬到三重，父親在織布廠織布。後來弟妹陸續出生，家裡人丁過多，生活擔子很重。父親織布的薪水不夠，後來就買輛三輪車，靠拉三輪車維生，但也僅能糊口。當時家裡十分貧窮，我也不以為意，因為那個時候貧窮是普遍現象。

但是我卻深刻體會到人窮「窮到連鬼都怕來！」的痛，當時生活真的很辛苦，身為長子的我，經常感受到父親掙到一點錢養家活口的不容易。在飢餓的生活中，還要感受到人情淡薄的辛酸，及被人瞧不起的悲哀。曾經為了家中孩子學費生活費，父親每天拼命的工作，連祖母和母親都外出找一點零活工做做，都還是入不敷出。欠人家將近一萬元的債款，利上加利總是無法還清。討債的人拼命來催討，每次聽到大門被敲得咚咚響，就會心驚肉跳。父親總是對人家說盡好話：「明天我想辦法湊一點先還你。」但是要債的人那肯罷休：「每次都是明天拖過明天，你老兄到底還不還錢來呢？」

每次聽到這話，我都非常感傷。父親就只能靠苦力賺錢，要去哪裡籌錢還人家呢？

「錢比錢氣死人」媽媽經常對我這個故事，她說：「有一個錢的人不和沒錢的人說話，有兩個錢的人不和有一個錢的人說話。」一文錢真逼死人。所以我在很年幼時，就發誓要好好讀書，將來有錢了，對那些窮困的朋友也不能忘記，一定要伸出一點援手。

羞愧肚皮填不飽

「餓」是我童年唯一的記憶，印象中我每天幾乎都處在半飽中。家裡米缸空空，沒有任何東西可以吃，有時餓到眼冒金星，四肢都無力輕飄飄的。有一次，祖母好不容易別人給了她一塊火燒餅，她留給我吃，我抓起餅就狼吞虎嚥地吃起來，母親在一旁疼憐地說：「吃慢點！別撐了……」母親自己都餓著捨不得吃，看著我吃的那幕，至今都讓我有椎心之痛。

父親辛辛苦苦沒日沒夜的工作，也只能買點米煮粥吃，有時連買點菜的錢都沒有！大妹秀清回憶她每天中午放學回家吃午飯的情形，她說：「每次回家吃飯，奶奶和媽媽都不在，找不到大人，家裡又沒有可以吃的東西，只好空著肚子回學校了。同學們知道我家很窮，沒有吃午飯，調皮的同學就在班上大聲嚷叫嘲笑我，讓我覺得羞愧死了。」

自此後，為了幫家裡找一些可以充飢的食物，我經常和弟妹們到家附近的農地上，撿拾一些菜梗，或是到工廠附近尋找倒出來的煤灰渣子，可以拿回家升火煮飯用。

記憶中只要聽到媽媽對大妹說：「你明天可不可以不要去上學？」我們就知道家裡又要添新生的弟妹了。大妹是長女，所以她經常被要求要幫母親做事，「我是女孩子，媽媽生孩子我要幫忙燒開水，等助產士來家裡接生。雖然我很想去上學，但是我不幫忙也沒有其他人可以做了。」從小學開始，一直到現在，大妹不但幫父母親做很多事，還扛起分擔弟妹們的大小事。

我們兄妹幾人即使面臨貧窮的家境，每天有一頓沒一頓的，但是我經常鼓勵自己和弟妹們：「永遠都不要放棄希望和理想，這樣才能對得起父母親的辛苦。」

父母親不識字，遇到學校功課要簽名，都是找我堂哥張守任簽名。父母親知道我的功課很好，都是全班第一名，又當班長，他們都很欣慰。當時在那個年代，我時時都有這種「要想出人頭地，只有努力讀書，才有可能改變命運」的認知。

感念亂世人情濃

父親的三輪車夫生涯不過十年光景，政府從一九六四年開始實施收購淘汰三輪車政策，到一九六七年執行完畢。父親當時已接近五十歲了，年紀大了些，加上不識字，無法轉業考計程車駕駛，只拿很少的收購金三千多元。父親失業，家裡生計馬上出問題。

學校老師在知道我家困苦的環境後，都樂於幫忙。我的小學一、二年級導師鄧毓蘭老師，還介紹在仁化街口的地主，將地租給父母親，開一間小小的餃子店，但是為了這間小店，全家總動員。二弟守嶽最難忘那段擀麵皮的日子，「那時候放學回家，幾乎每天晚上都要到水餃店裡幫忙擀麵皮包水餃，功課幾乎沒有時間複習，弟妹們則要洗碗招呼客人，但是如此辛苦，算算也沒有甚麼賺頭，只好收攤。」他的結論就是「人窮連開店都運氣不佳，翻不了身。」之後，父親買一輛板車到中央菜市場幫人拉貨，或是去清潔隊打一點掃大馬路的零工。

有一年暑假，為了讓父親多賺一些錢，我就幫他去台北市民族西路掃大馬路。每天清早七點掃到九點鐘，大大的竹掃帚要將滿地垃圾清掃乾淨，也是很費力的。經常我都是利用掃街時，背誦英文單字。我掃了整整兩個月暑假，雙手成繭，當時只一心想幫家裡賺錢，減輕父親的擔子，也不覺得掃大馬路有甚麼丟臉。只是曾經為父親職業是三輪車伕，感到很不自在，雖然有時生病不舒服時，會讓父親載我到台北大橋頭的生春醫院去看病，或是上學他也會順路載我一程。坐父親的三輪車心情是很複雜，一方面享受父親對我的愛，一方面也為父親的辛苦而心疼。還有，當時雖不覺得父親的職業有什麼見不得人，但是總還是有一種虛榮心，不希望別人知道我的父親是一位三輪車伕吧。

開心吃飽飯的一天

同鄉相媽媽家在仁化街，離泉州街不遠，她們家開燒餅油條早餐店，相媽媽每次都會把當天賣剩的燒餅油條、水煎包全部送給我們吃。每次嘴咬著稍微乾硬點的燒餅，都覺得十分可口美味。

二弟守中提起當年每一星期可以飽食幾餐的幸福時光，「那真是開心吃飽飯的一天。」

相媽媽女兒相同巧當時在三重民眾服務站工讀，每年冬天接近過年前，民眾服務社都會做一些濟貧工作，發放餐券及米券。每次她都會通知我父親去領米券，她說：「張大爺是一位非常和善客氣的長輩，每次來領米券時，他都對我鞠一個大躬，害我都很不好意思。」二弟對那幾年冬天能去吃的「飽食會」印象深刻。他說：「平均一星期有二、三次，都是去吃晚餐，地點就在三光國小操場上。搭起棚子，擺了許多桌椅，由一些慈善團體提供熱食，提供給需要的民眾來吃。爸媽帶著我們一塊去吃飯，那是我們最開心的好時光。」當年一個星期有幾餐能夠飽食一頓，是非常開心的事。母親還不停地喊著：「慢點吃，別噎著啦！」在同安街上的教會，是我們小時候經常會去的地方，不是因為喜歡聽牧師講道，而是為了領奶粉和美援衣服等救濟品，才到教會去。

吃了一輩子便當

窮人的苦，如果你沒有苦過是很難以想像的，然而窮人只要有一點點可以改變現況的小惠，就會快樂很久。我家自從買了一台縫紉機，母親一掃多年愁苦的模樣，非常開心，因為這台縫紉機可以幫母親車棉襖、打扣眼，帶給她工作上的方便，她可以接更多代工的工作，幫忙家計。二弟笑稱：「這縫紉機是因禍得福換來的。」二弟小時候因為醫師打針失誤，造成一腿有些萎縮，變成兩腳一長一短，走路顛跛。醫院為此賠償了一些錢，而這筆錢就剛好為母親買了一台縫衣機。難怪我們都笑稱：「二弟是母親的最愛，因為他是母親的搖錢樹。」還好，多年後二弟的腿恢復正常。

細數那段匐匍不堪的人生過程中，每一天的日記中，都留下我歷歷在目的辛酸及亂世中澆薄的人情世故。有時在冷漠中，往往又有出人意表的真情流露，讓我懂得更多的珍惜和對他人無限的感念之心。在我感受到為人父母難以承載的貧窮下，仍然得苦撐的辛勞中，我的淚水與汗水是滴了又乾，乾了又滴……

有人說：「年輕就是本錢，也是黃金歲月，只要好好把握，都有希望。」我從一個世事不知的少年，帶著父母親一生的叮嚀，一路讀書。就連大學四年，研究所二年，踏上留學之路，到美國讀書，我始終都是勒緊褲腰帶在半飽中，咬緊牙關硬撐下來。雖然路是如此坎坷，但是我幾乎不曾放棄過希望和理想。

小時候，父親為我準備便當，總是一碗白飯、一點點青菜、一顆荷包蛋，一年三百六十五天，我就吃了三百多個蛋。那還是幸運的，因為我是男孩子，父母總是將家中唯一最好的東西留給我吃，但是跟同學有魚有肉豐富的便當，比起來還是很寒酸的。

但是也因此養成我惜福、惜物的好習慣，從小時候帶便當、吃便當，到我出國讀書工作，我還是每天帶便當，每天的便當菜有時是自己親手做，有時妻子幫我準備。

如今我不再受物質拮据之苦，不再有肚皮填不胞的飢餓之苦，但是在精神上我一直記得母親說了一句：「這樣的世道裡，能讀書就各自用心吧！」這是父母親他們唯一能理解的希望，「只要讀書出頭了，就不再挨餓受凍。」而我一直相信「人在痛苦與絕望中，永遠都要有看見希望的信念。」也有人說：「希望是人性中的善和人生中的苦所孕生出來的。」

2 老師要我改名字

我原來的名字叫張玉孩，一直到上小學一年級時，我都還是叫這個「玉孩」的名字。擔任我一、二年級的鄧毓蘭老師，個子中等，嗓門很大中氣十足，一副好媽媽的模樣，讓初次上學，來到一個陌生環境的六歲小孩子，很有親切感。從小我就是一個很安靜的小孩，很愛讀書。考試時只要看一遍就能記住了，每次考試都拿第一名，但是天性害羞不愛主動跟人接觸，經常被父母親和祖母碎碎念：「怎麼見到人都不開口叫人呢？」

有幾次鄧老師發現我害羞不愛說話的個性，在上課時，她都會很刻意的點名我上台當小老師。起先我都畏縮抵死不從，還趴在桌上，將臉深深的埋在兩臂間，儘管老師和班上同學不斷拍手鼓勵我出來當小老師，我都羞怯地讓老師拿我沒辦法。

但是老師就是希望我能克服這種羞怯的毛病：「你就是學著老師對同學上課的模樣，把書本打開，大聲的一句一句唸出來，同學跟著唸，就好了，不要害羞。」在老師幾次鼓勵下，我由剛開始上台，兩腳發抖，聲音像蚊子叮的嗡嗡小聲，到後來我竟然可以大聲學著老師一句句將課文朗讀出聲，讓同學們開心的為我鼓掌歡呼。這時我終於知道，我不會害羞了，和人接觸的膽子也變大了，嘴巴見到人也不再金口難開了，個性也變得開朗自信多了。這樣的轉變，對我日後的人生有極大的影響。

鄧玉蘭老師是一位從大陸來台的外省老師，她對既是同鄉又同是天涯淪落人的父母親，格外關懷。她知道我們家食指浩繁生活清苦，經常來家裡做家庭訪問，關心學生家裡每一個成員問題，並幫忙解決。

還記得有一次她來家裡做家訪，就對父母親提起我的名字「張玉孩」，她認為不太雅，同學間會因為名字的土氣而嘲笑孩子，她建議改個名。父母親沒有讀過甚麼書，心想既然老師都提出建議，在那個年代裡，老師地位崇高，小孩子可以不聽爸媽的話，但是只要是「老師說的」孩子們無不把老師的話奉為「聖旨」一定遵從。父母親想了很久，就按照輩份承、繼、傳、守、永、念、先、德的輩分名，重新為我取「守」字輩的「張守玉」，從此，我就和「玉孩」這名字說聲拜拜了。

3 獨自去打針的小孩

小時候我身體不好胃口很差，經常不愛吃飯，每餐飯都是祖母、媽媽一口一口跟在屁股後面強押著餵，才能吃下一頓飯，往往都得花上大半天，所以我小時候個子不高又瘦小。

有一次鄧玉蘭老師來作家訪，告訴父母說：「早上一定要讓孩子吃完早飯，才到學校來，你看他臉色蠟黃黃的，看起來不健康，你們要帶他去看醫生檢查一下。」

等我升上小學三年級時，媽媽發現我經常在睡覺時流許多汗，但也不知是甚麼原因。經醫生推薦就到當時台北大橋下的防癆協會去檢查，看看會不會是罹患了肺結核，但是也查不出所以然來。然而，夜晚盜汗的情形一直沒有斷根，只好再到位於台北橋重新路上的生春醫院檢查。院長是一位很有經驗的老醫師，他簡單問診一下，馬上就診斷出我罹患的就是肺結核。

自從我有了輕微的肺結核後，原來在班上當班長的，為此就不能再當班長，必須好好休養，先把身體調養好。當時我還為無法當班長而傷心落淚呢！

就此展開為期一個月的打針歷程。當時我很懂事，每天下午放學後，有時是父親陪同去，多半都是我自己一個人走路去。從現在橫跨淡水河面的中興橋的這一頭，走到另外一座台北橋的那一頭。一南一北，對一個七八歲的小學生來說，是個很遙遠的路程，每天來回大約要走一個小時。

孤獨的小身影，獨自一個人走進醫院，脫下褲子讓醫生在屁股上打針，很勇敢的咬著牙，不敢哭一聲，針打完後又得走半個小時的路回家，每天都要去打針。母親因為陸續又生下幾個弟妹，忙著照顧他們，無暇陪我去，但是她知道我是一個很勇敢的小孩，為了鼓勵我有這股和病魔格鬥的勇氣，母親就會從有限的菜錢中擠出一點錢，買顆蘋果給我吃。

五十年前能吃到一顆蘋果，是件多麼奢侈的事。通常母親會先將蘋果切好，分一些給祖母吃，留一塊給我吃。弟妹們在旁邊看到我吃得如此津津有味，口水都要流出來了。但是他們知道哥哥生病了，需要更多的營養來調養，而這顆蘋果又是如此稀罕，他們也只有吞下口水，一點也不會和我爭食。

那種香甜的果香味，而今想來都非常難忘。然而在當年這種質地軟綿綿沙沙的美國蘋果，應該是熟透到幾乎要成酒爛掉了。但是在物質生活匱乏年代，能吃到舶來品的蘋果那已是天方夜譚了。

在我生病期間，除了偶而享有吃蘋果的特權外，還有吃豬肝。中國人常說吃肝補肝，身體衰弱時一定要多吃豬肝。每天清早媽媽上市場買一點點豬肝，做成豬肝湯，早上一定讓我喝完了湯，才去上學。

母親的那碗豬肝湯，除了是人間美味外，還有那份對子女廣袤無窮深刻的愛。在人生跌撞起伏中，足令我緬懷感恩不已。

4 三重，另一個故鄉

每次回台灣，有人問我住哪？我都會告訴別人說：「我家在三重市泉州街，我是老三重。」我順便還露兩句流利的閩南語，讓問話的人驚訝不已。

三重可以說是我父母的第二故鄉，也是我的另一個故鄉。父母親從一九五三年在此地居住一直到他們終老故去，一共住了六十多年，比他們出生的山東日照，還要長久。而我從五歲搬來直到我出國，我的童年、少年、青年期二十多年的成長歲月，都和三重息息相關。

三重市舊名為三重埔，這是一個很早就開發的地區，土地面積一六・三一七平方公里，與繁華的艋舺、大稻埕僅一水之隔。

其位置處於淡水河與其支流間的埔地，「埔」是河邊沙洲的名稱，早年先民來台墾荒，都會選擇近水的地區。而後由於淡水河日漸淤積，沙洲逐漸擴大。初期漢人開發是以新莊的頭前埔為首，其後沿著河的下游開墾到二重埔（今頂崁地區一帶），三重埔是先民最後開發的一段新生地。為了有別於頭前埔與二重埔，將此地定名為三重埔，後再更名為三重市。[1]

根據資料顯示日據時代，與大稻埕一水之隔的三重埔土壤肥沃、交通方便，自然就成為台北最重要的香花、柑橘等農作物的產銷集散地。

從台灣百大竹枝詞中兩首詠讚三重栽種香花的風雅詩詞，不難看出當時的盛況來。

「大橋千尺枕江流，畫舫笙歌古渡頭，隔岸素馨花似雪，新風吹上水邊樓」又「三重埔接二重埔，萬頃花田萬斛珠，穀雨清明都過了，採花曾似採茶無」。

那時對岸的大稻埕正值茶葉興盛期，三重埔曾在近三十八公頃的土地上，大規模栽種茉莉、秀英、黃梔等芳香馥郁的香花，提供給大稻埕茶商製作精緻香片茶葉所需，外銷海內外各地。在那個年代全三重埔花香滿溢，宛若一座花園城市，可惜隨著六〇年代高速公路的興建，大片香花園一一被剷平，三重埔就此不復有「花都」的盛名了。[2]

1（參考自三重市志及三重市志續篇）
2（同此章註腳1）

打拼人的落腳地

早年三重埔是個雜草叢生的地方，人口稀少，發展性不高。而台北市屬於大都會區，大多數的人口都聚集在台北市，相對的這裡不論是居住或生活消費都很低廉，況且離台北市只一水之隔，交通方便，討生活容易，自然成為出外人打拼的落腳地。

這些出外人有來自台灣中南部、金馬、澎湖等地的人，尤其是雲嘉地方人士特多。從大陸逃難來的外省人，和隨軍隊撤退來台的部隊軍眷也在三重落戶。竹籬笆內的眷村外省人，和來自全省各地的本省人、客家人、原住民、外國人，都來自不同的原鄉，說的語言南北不一，但是生活在這裡的人，都能水乳融合，相互照應。我和弟妹們都能說一口流利的閩南語，就是因為鄰居同學幾乎都是閩南人。

台灣在六〇、七〇年代，十大建設興起，省政府推動「客廳即工廠」的經濟運動，造成小資工業興起，三重全面總動員，各式中小型家庭加工廠林立，有專做螺絲、鑄模、電焊、電鍍、車床、塑膠射出成型等半製成品的零件工廠，及布匹成衣工廠。[3]

這些來自四面八方出外討生活的人，各個能吃苦耐勞，只要機會來臨，無不全力以赴。難怪三重成為「黑手創業，白手起家」的夢想地。

---

3 （同此章註腳1）

每年暑假我和兒時玩伴徐烈鈞，為了籌措學費，都會到工廠打工。還記得我倆曾在一家專做女性絲襪吊釦帶的工廠打工，那時工廠生意真好，我們負責出貨搬貨，雙手磨到起了大水泡，痛死了，但是還得咬著牙做了一個暑假。

三重三重我愛你

過去經常有人問我：「你住三重埔，那不是很多大哥出沒的地方嗎？」我也曾聽說過，我的一位小學同學的大哥，在三重夜市吃宵夜時，因為多看鄰桌客人幾眼，當場就被那夥人亮出尖刀、扁鑽給殺死。這裡真是一個刀光劍舞的地方。

雖然很多人對三重的直覺是「江湖味很濃的地方」，但是這裡也出了不少影視、藝文方面的人才，如我所知的大明星林青霞，就住在我泉州街家的巷口，我還曾經是她的家教老師；其他還有帽子歌后鳳飛飛、老牌歌手洪一峰、玉女歌手尤雅、歌仔戲名演員司馬玉嬌等人都曾住過三重。

這是一個充滿包容力的城市，近年來更成為台北市最重要的衛星城市，也是淡水河畔最璀璨的明珠。這兒還有七座美麗的聯外橋樑：重新橋、台北橋、中山橋、忠孝橋、重陽橋、中興橋及新北大橋等，其中的台北橋、中興橋，都留有我童年美麗的回憶。

這個原本位於淡水河左岸的小小農業聚落，竟在不到半個世紀的時間內，由原先的不毛之地，人口稀少，歷經一九四九年（民國三十八年）中國大陸人口大舉遷徙台灣的衝擊，以及隨著工商業發展，吸引到三重埔落腳的大量島內移民，搖身成為台北市近郊繁華的工商重鎮。[4]

我的父母親由一無所有，來到此地安身立命，培育子女成為社會的中間份子。對三重這塊孕育我們成長茁壯的土地，我有說不出來的感激。

4（同此章註腳1）

5　憶童年舊遊蹤

三重市從我就讀的三光國小有記憶開始，到現今五十多年來，大街小巷條條道路改變不少。然而在這些道路上，都有我曾經烙印過的歲月年華。

最常走的幾條路，就是以我就讀的三光小學為起點。學校正門位在三重市大同南路，靠近淡水河邊。後門則在泉州街上，每天放學多半由後門出來，就可以直接回到家裡。但是我都會和同學出校門右轉泉州街，到同安街交叉口，一座小小的流水公廟便映入眼前。原本小廟旁有一條灌溉引水的小溝渠，水很清澈，很多婦女都在溝渠兩旁洗衣服，我們則有時站在小水溝前看一看水中的游魚。同安街住了很多山東人，有來自山東濰縣、萊陽等地方的人。在這短短的一條街上，就開了好幾家饅頭包子店、麵粉廠、水餃店，只要路過就會聽到不絕於耳的山東話。再沿街往下走入仁化街，到三重市主要省道幹線的重新路大馬路口，才轉身往回走。

五光十色的天台

若是順著重新路走到三重市區最熱鬧的地方——天台廣場，曾經有天台百貨公司、天台戲院都在這一帶，是本地及蘆洲、五股、新莊等附近地區居民經常喜歡來逛的地方。我和同學最愛去戲院旁探險，這裡五光十色，無奇不有的攤子，最吸引年少時的好奇心。一攤是賣香腸的，另一攤是玩丟圈圈抽獎遊戲的，還有人玩劈甘蔗下注的玩意，旁邊播放一些日本音樂，圍觀的人群絡繹不絕；街上有穿著日本式高木屐拖鞋的男子，口嚼著檳榔在大街上大搖大擺地走著；還有一群打扮的花枝招展的女人，環肥燕瘦，看得我們眼花撩亂，都忘了回家的路。

如果想換新鮮，我和同學就會在泉州街口，左轉同安街到光明路交叉口。這條街之所以命名為光明兩字，是因電力公司設在這條街上，電力代表大放光明之意。光明路上早期有許多家染整廠、織布廠，每天從水溝裡排放出來的水，有紅的、綠的、藍的各種顏色。

原本工廠未建廠時，四周都是綠油油的稻田，每當稻田收割後，農地中就會栽種孛萁。農人收成時，都會遺留下一些漏網的孛萁，我和鄰居的小孩子們都會跑去撿，撿起的孛萁往身上一擦，就可以放入口中吃，爽口的汁液，舔在舌尖上，格外香甜。

田的四周都是灌溉用的小溪流，我們都捲起褲管光著腳丫子，下水去摸魚。肚子大大的大肚魚，不容易存活。我都是抓一些小小亮亮的魚或是小蝌蚪，抓回家放入水杯中，大約可以活一兩個月。這些都是我孩童時難得的回憶，因為那是一個縮衣節食窮困的年代，沒有玩具可玩，只能趴在地上玩玩泥土、或打打紙牌。

空軍一村防空洞

有時和鄰居小朋友遠征到靠近正義南路86巷堤防邊的「空軍一村」去玩，這裡有一座日據時代的防空洞。防空洞在一片小土坡下，站在土坡上，遠遠的可以眺望淡水河。據說基地前身為日本佔據台灣時的「三重高砲陣地」，這是為了防守台北橋與台灣總督府之間的一個重要軍事要塞。而住在「空軍一村」的居民都是國軍防砲部隊的眷屬。

那真是一段美好的童年生活，我們小孩子會帶著火把，從防空洞的洞口進入，跟著防空洞的地形上上下下。這塊地洞非常寬闊，大的孩子們事先都會吩咐：「每一個人都要跟緊，尤其女生。」洞內很黑，跟不上的弟妹們往往嚇得哇哇大哭，我只好拎著他們，在他們後面壯膽。有時幾個促狹鬼，會在洞內裝鬼叫，弄得大家既害怕又想要冒險闖闖，我只好連拐帶騙的說：「要跟來就不要怕死！」而今這裡已成為眷村文化園區了。雖然物事全非，但是小時候的記憶猶如昨天般清晰難忘。

大拜拜的流水席

小時候最開心的就是每一年農曆四月廿五日三重埔大拜拜。這一天每一家都擺滿了流水席，只要你認識朋友的朋友，一表幾千里的關係，不管本省人外省人，都可以到人家家裡去吃拜拜，這種流水席宴，是大拜拜的特色之一。

還記得這一天中興橋、台北橋上車水馬龍堆滿了人，擠都擠不過。因為這一天是三重的先嗇宮又名五穀王廟，廟內供奉的主祀神農大帝的聖誕日。這座擁有二百五十年歷史的三級古蹟先嗇宮，在聖誕日這天，全三重的廟神都要在這裡集合，舉行各種祭典儀式與繞境踩街活動，其陣頭綿延數公里，聲勢浩大。

家家戶戶沿街祭拜神農大帝，求神保佑闔府平安，街上熱鬧非常，為三重市的年度盛事。一路上有吃不完的流水席，在一九六〇年（民國五十年代）是三重大拜拜的全盛高峰期，號稱每年可以吃掉一座中興大橋，真是令人咋舌。而我家鄰居有很多本省人，他們都很熱心邀請我們去他們家吃流水席，吃不完的「菜尾」還讓我們打包回家，可以吃上好幾天。有的時候天氣熱，又沒有冰箱可以冰，菜都有點餿酸的味道，但是我和弟妹們還是吃得很開心。

6 貧民窟裡的春天

我家在泉州街巷弄中，這裡是六十年前父親和大伯父，在織布工廠附近承租了一塊地，為了安定一家老小，兄弟兩人租地蓋的房子。我還記得一共三間房，祖母、大伯父一家和我家各住一間。泉州街，顧名思義是以福建泉州移民原鄉為命名的地方。

「這裡真可以說是貧民窟，除了幾家傳統的大戶外，住的人幾乎都是經濟條件非常差的。從以前到現在都是如此。舊貧戶搬走了，新貧戶又搬進來。」大妹對泉州街有很深刻的印象。

這條同是天涯淪落人群居的小街，非常有趣。從淡水河邊一直延伸到同安街交叉口，靠近淡水河邊是有名的綠燈戶「豆干厝」；街旁巷弄裡大部分住的是逃難來台的山東老鄉，其中也雜居著來自中南部的本省人。所以泉州街上有本省人開的西藥房、蔬菜水果攤，其中以林姓本省人開的雜貨舖最大，專門販售日常用品及食米，不論山東人或本省人都會到雜貨店去買點東西。緊挨著的是間簡陋的剃頭理髮店；街尾有山東人開的燒餅、油條、鍋貼店；山東王老奶奶的菜攤，豬肉店及一間製麵條的店。還記得鄰居把從教會發的免費麵粉，送到這家製麵店，以麵粉換麵條，通常是一斤麵粉可以換一斤麵條。走到同安街和泉州街交口，有一所來自山東的劉鴻卿縣議員開的國華幼稚園。

當年三重埔沒有自來水、下水道設施，整個地區的生活環境相當差。我記得在家旁的小巷裡頭有一口淺水井，打上來的水都是黃沉沉的。每戶人家門口都必須自備一口大缸，缸裡放入明礬，將黃沉沉的水倒入，攪拌沉澱後變成乾淨的水，才能拿來煮菜煮飯用。後來鄰居有人開挖一道深水井，我們就改去深水井挑水，畢竟深水井的水質比較乾淨些。而我每天早上都會將家裡水缸的水挑滿，才去上學。

淡水河快樂時光

當時泉州街的兩旁都是田地，沿著田邊灌溉用的小溪流走，可以走到淡水河邊。小時候我最愛和鄰居孩童一塊到河邊的竹林內探險。竹林裏有農家養了許多鴨子，有時候不經意，還可以撿拾到一、二個漏網的鴨蛋，拿回家給媽媽加菜。那一天是我最開心的日子，因為有蛋可吃。田邊有一些炸醬草，沒有零嘴可吃，我和弟妹們都會摘它的白色莖部來吃，解解嘴饞。

河邊旁有一大片樹林，經常有一對對情侶在此地約會，頑皮的我們會躲在樹林邊偷看約會中的男女。

小時候最喜歡在淡水河邊抓泥鰍，夏天爸爸會帶我們去河邊游泳洗澡。淡水河中有很多毛蟹，母親很愛吃毛蟹，但是吃了以後，喉嚨一直不舒服，之後她都不敢再吃毛蟹。

淡水河河面很寬闊，每年夏天潮水漲潮時，河水湍急。因為天熱，一大群小孩子都會到河邊去戲水、摸魚、打水仗，好開心。但是有的時候會看到不諳水性的人溺斃在淡水河中，大人就會呼喊：「讓開路來，有人溺水啦！」場面非常緊張驚恐，嚇得大家都面如土色，不敢開口多問。

因此每一家父母親都嚴禁小孩子到淡水河邊嬉戲玩耍。我堂哥同學的弟弟淹死後，加上淡水河有人挖沙石，水中有洞不安全，父親就少帶我們去了。

有的時候玩性大發，早就把母親叮嚀的話當成耳邊風，去淡水河邊玩。回來時，以為神不知鬼不覺，因為下水時將衣褲脫在岸邊，穿條小內褲下水，上岸後在大太陽下曬兩下，內褲、頭髮都曬乾了，才大辣辣地回家去。誰知道心細的母親會把我叫來，用手指輕輕的在皮膚上刮一下，一道印記立刻顯現出來，就只好說老實話了。

7 小學的啟蒙老師

王玉蘭老師，她是我三年級的導師，她教我的時候不過二、三十歲。她是流亡學生，山東人，個子高高的，長長的臉蛋，牙齒有點微微暴牙。一年四季都是身穿一襲暗藍色的旗袍，嘴上永遠都擦大紅色的口紅，有時候一不小心，口紅都會沾到牙齒上。她和藹可親，笑咪咪的模樣，對學生非常親切，每次上課大家都很用心聽課，老師說的一口標準國語，娓娓道來好像一首歌。

她很喜歡功課好的學生，我從小功課就很好，一直是當班長，很得老師的喜歡。王玉蘭老師經常邀我到她家去，幫老師改作業或幫她做些家事。她常常會拿一些小東西送給我，叫我帶回家給祖母吃，她鼓勵我要好好讀書，長大多孝順父母親和祖母。

四年級時改由曾應安老師擔任我們的導師，他周末常會帶我們幾位成績好的男女同學去郊遊。我記憶最深刻，也一直讓我懷念不已的是去內湖的郊遊，以及在那次郊遊時，我們唱的「春野」的歌：

春野

疊疊青山涵碧
彎彎溪水留情
雨餘芳草綠如茵
珠光點點明
婉轉流鶯語細
翩翩蝴蝶身輕
村後村前桃李
相對笑盈盈……盈盈

而我好同學徐烈鈞在我隔壁班，他的級任導師是張國輝老師，是一位皮膚黝黑個子高瘦，屬於運動選手型身材的老師。他常常帶學生練習躲避球，也很愛唱歌，課堂上三不五時會傳來他教唱的兒歌。下課後，他經常會把班上的同學留下來，教他們唱歌。

我可以說是五音不全的人，但是記憶中老師教我們兒時唱的歌，甚至這些歌的歌詞，到現在我都還記得。當年的孩子沒有電動玩具可玩、沒有電視可看，兒歌、童玩就是孩子們的最愛了。如「三輪車」這首國語童謠；和這首有山、有水、有花、有鵝，美麗家園的

「家」的兒歌，歌聲輕快和諧，非常容易朗朗上口；另外這首生動活潑有趣的「一隻螞蟻」兒歌，都是當年大家耳熟能詳的童謠兒歌。想來跟我一塊聽唱這些兒歌的人，而今應該都已到耳順之齡了吧。

8　一本生命成長的書

吵架

二十日，星期一

今天上午我跟科列帝吵架，並不是因為他得了獎我嫉妒他，不，絕對不是嫉妒他，而是我錯了。

老師安排科列帝坐在我旁邊。本來應該由小泥瓦匠抄寫每月故事《血濺羅馬涅》，因他生病了，老師叫我替他抄寫。想不到我正在練習本上抄寫時，坐在我旁邊的科列帝，手臂不小心碰了我一下，於是鋼筆濺出來的幾點墨漬弄髒了我的練習本，我的確生氣了，就隨口罵了他一句。

他卻微笑回答說：「我不是故意的。」

我很了解科列帝，所以我應該相信他的話，可是他的笑容讓我很不愉快，我想：「喔，得了獎就了不起啦。」於是我想報復他。過了一會兒，我也碰他一下，也弄髒了他的作業本。

科列帝氣得滿臉通紅：「你是故意的！」科列帝說著就舉起手來，老師正好看見了，他的手又縮回去說：「我在外面等你。」

我心裡很不好受，怒氣逐漸平息下來。我非常後悔，不，科列帝絕對不是故意的，他是個好孩子，我還記得他在家如何努力工作，如何細心照顧生病媽媽的情形。他來我家玩的時候，我對他真誠相待，爸爸也很喜歡他。我很後悔罵了他，還無理取鬧。

我想起爸爸對我的忠告，他說：「是你的錯嗎？」

「對，是我的錯。」

「那就向他道歉。」[5]

「愛的教育」這本書是我小學高年級時，老師每天都會吩咐當班長的我，在早自習課時到講台前，大聲朗讀給同學們聽的一本書。雖然距今已是五十多年前的往事了，但是我對書中的每一篇故事，都記憶深刻，這也是影響我深遠的一本書。

這本書出版於一八八六年，作者是一位出生於義大利的艾德蒙多・狄・亞米契斯，在他四十一、二歲時寫的。此書原名 Cuore 在義大利文為「心」的意思，意指人類要有一顆

---

5 參考書名：愛的教育，作者：艾德蒙多・狄・亞米契斯，出版日期：西元一九九三年，出版社：希代出版股份有限公司。

崇高至上的心靈，這才是最重要的。[6]

我還記得在教室裡大聲朗讀這本書時的印象。當我讀安利柯收到一、兩篇父親或母親的留言信件中，教導他應如何惜福感恩時：「我在窗口望著你，你碰撞到一位婦人。……遇見老人或乞丐，抱者小孩的婦人，……一定要親切地讓路給他們。」或是指正他遇到生活困頓的人應要有的態度：「有一個抱著瘦小蒼白的小孩的女乞丐向你討錢，而你卻什麼都沒給他就走開了。」至於父親要求他對師長要尊敬：「老師的名字，永遠要用最虔敬的態度來稱呼，除了自己的父親的名字外，老師的名字是世界上最珍貴、最值得懷慕的名字。」每天我都要為同學朗讀一到兩篇，每次唸完後，發現班上女同學，都會以手拭擦著眼尾流下來的感動淚水。

全書是一位小學四年級學生安利柯，在他小學三年級升上四年級共十個月所寫的日記。內容以學校教育為背景，記載著一群環繞在他生活裡的人物，有學校老師、校長、同學、父母和他的家人。透過這位小學生天真無邪的純真童心，以淺白的童言童語，將他在生活裡所發生的點點滴滴紀錄下來。雖是距今有一百多年，但是透過他的眼睛，我們看到了一個溫暖動人的世界。

6　（同此章註解5）

真實的感人故事

安利柯對每一年級教他的老師，都充滿著感激敬意，如「最難忘的是一、二年級的女老師，她全心教導學生，就連假日也總是帶學生參觀展覽，吸收知識，後來卻因操勞過度而病逝，只能留下永恆的懷念，真令人感傷。」

對三年級慈祥又和藹的紅髮老師特別懷念，對四年級新任老師，則是由先頭的陌生而排拒他。到後來才發現這位沒有親人的新老師，把班上每一位學生都當成自己的孩子看待。終於體會出新老師在他嚴肅外表下，有著一顆無盡關懷的心與責任感。

我相信我們每個人的一生當中，都曾經遇到過那些犧牲奉獻、不求回報的好老師。我之所以有今天一絲絲的成就，應該歸功於在我年少讀書時期，很幸運的受到許多老師的幫助和鼓勵。「良師一句話足以改變一個孩子的一生。」我深信不疑，日後我為人師表，始終都抱持著這種態度。

在描繪最親近的同班同學，他將每個人不同的個性與人格寫得絲絲入扣，引人入勝。從同學身上他看到對方的優點與態度，間接的也提醒教導了我們。如：「捨己救人的洛佩弟，為了搶救馬路上的學弟，不幸被車子壓傷變成跛子。入學較晚、身材高大的甘倫，是正義的代言人，總是行俠仗義、保護弱小。樂觀進取的柯禮提，在賣材、搬材、記帳、送材的隙縫中背文法、做功課，服侍生病的母親，毫無怨言。」而「手有殘疾的克勒西，父親離家毫無音訊，母親生病，連盞油燈都點不起，仍然努力讀書，絕不氣餒。經常被酒醉的父親打傷，卻從不抱怨的潘克錫，……」

從小能接受到如此有意義，又充滿愛的教育書籍，喚起我心中原本源源不絕的愛，讓我在後來的人生道路上，走得特別平順。我想這些都是受到老師有智慧挑選的啟蒙書的影響吧！

9 葛樂禮風災驚恐記

一九六三年民國五十二年九月六日我念初中二年級時，發生葛樂禮颱風，水淹得很高，當時三重還沒有建堤防，水一下淹進屋內來。

往年只要颱風來襲時，都會淹水，一家子人只要拼命把東西往上堆，就可躲過水患。但對我們小孩子來說，颱風淹水是很開心的樂事。因為學校會放颱風假，停課一天不用上課，又可以在家玩水嬉戲，何樂不為。所以對颱風來淹大水的驚恐度並沒有那麼深刻。

但這次葛樂禮颱風風勢的強勁，加上石門水庫竣工第一次洩洪，導致下游地區狂奔的急水，沖襲到大台北地區，打破史上淹大水紀錄，造成積水三天都無法渲洩掉，可想而知當時的驚險狀。

這個葛樂禮颱風帶來的總雨量竟高達一千多公釐，它雷霆萬鈞的雨勢造成北台灣極大的重創。這個西北颱幾乎造成台北市、三重、蘆洲一帶成為水鄉澤國。中興橋幾乎淹到橋面上，整個大台北在水中泡了三天三夜。

我還記得那一天晚上，水一下子就沖進屋內來，又加上停電，屋內一片漆黑，家中所有傢俱都漂浮了起來。過去每次刮颱風淹大水前，父親和我都會先走到淡水河邊去看水勢如何。如果眼看著水快要淹到泉州街底了，就表示水會淹到屋內來，就必須準備爬到更高的地方去避難。

當時一家子祖母、伯母家和我們家共有十多口人。擔心水會一直淹上來，我家的小平房根本無處可躲，於是全家都擠進巷口鄰居彭牧師家的兩層小閣樓上。大水足足淹了三天三夜，我們既沒有食物可吃，又沒有滴水可飲。

有些較幸運的地區，如三重地區軍眷，可以在很快的時間，得到軍方的幫助疏散這些眷屬，到當時很有名的天台戲院去避水難；來不及逃出來的眷屬，只好架起傢俱，爬上屋樑頂上，等待軍艇冒著大雨沿街送大饅頭解飢。當時發生很多感人的故事，有憲兵為了救掉落水中的小女孩，不惜冒著大水去營救，結果憲兵不小心還將大腿劃了一大口子，留了不少血。

還有粗心的爸媽只顧著幾個年齡小的孩子，忘記年齡較大的孩子。因水流來得太快，一閃失，大齡的小孩就被沖走了。幸而被好心人救到當時憲兵學校教室內，被高高放置在重疊的課桌椅上。等了幾天，大水退了，才被焦急的父母親找到。

水逐漸下降時，父母親就叫小孩子們趕快趁水流時，清理地板上的積泥。不要等水退了積泥出不去，全積在地面上，更慘。因為等水乾了就變成一塊硬土，需要花更多力氣，用圓鍬去鏟才能弄乾淨積泥。

還記得幾天之後，回到成淵中學上課，學校立刻要求我們進行校園內大清掃工作，要將教室內、體育館、操場上的積水淤泥全都清理乾淨，大家弄得滿身是泥。

自一九八三年（民國七十二年）二重疏洪道工程竣工以後，三重就不再飽受颱風水患之苦了。

只是當年目睹母親驚慌的聲音及無奈的面色，一把手急忙抱起小弟的身影，大叫「老天，水怎麼這麼急，都淹進屋內來了，怎麼辦？」讓我深深體會到人受困時「呼天天不應」的無奈，至今我都很難忘。

但是，老三重人回憶多颱風多水災的時代，那種「想起彼當時，水淹到一樓，又往二樓淹，阿妹一直哭號，阿母索幸拆了眠床，當做船，以防萬一……」那股自詡「兵來將擋，水來土淹」老三重人的堅毅精神，在面對災難來時，卻顯得格外鮮明。

第四章　謝恩

花若盛開蝶自來

1 堂哥是我的好榜樣

我的堂哥大我將近十歲，他吃的苦比我還要多。他讀小學四年級，他父親也就是我的大伯父就過世了。堂哥哭得很傷心，父親安慰他說：「還有達達在！」

大伯父大伯母就只生我堂哥一人，堂哥很會念書，一路由建中初中、高中，念到中興大學，他讀書從來都不用大人操心。從小我和弟妹的家長聯絡簿、成績單或是出席家長會代表，都是堂哥一手包辦。

大伯父很年輕就過世，家中重擔都由大伯母挑起來。大伯母到織布工廠做女工，所賺有限。還記得大堂哥唸完高中，考上大學沒錢繳學費，堂哥回憶那時的窘況，他說：「沒有錢上學，根本不知道能向誰去借錢。有一天看到公車站牌旁的廣告看板上，張貼著一張報紙，上有招考老師到馬祖教書的訊息，就去參加考試。在馬祖教書待遇比台灣高，幾乎多二分之一倍。當時我心想要快速賺到錢，就只有這一招管用。」

二弟守嶽說：「那時真是太窮了，大娘在紡織廠工作，錢很少。」記得堂哥考上大學，沒有錢讀書，高中畢業就去考外島教師，先休學一年，到馬祖當小學老師，存一年錢再來讀大學。

「他要去外島教書之前，我看見堂哥躺在床上，心情很不好。我依稀能感受到他的無奈心情。」

民國五十年時，馬祖還是一個很落後的戰地，一個十七八歲的高中生，要遠離家鄉，到一個千里之外的孤島上教書，可想那時候的寂寞與哀傷。當時馬祖砲彈幾乎天天開打，學校外面砲聲轟轟響。每次只要砲彈開打，學生就大叫：「老師，快點進防空洞躲呀！」於是他就跟著跑出教室，等到砲聲停了，學生拼命向外衝，堂哥還很驚慌地大叫：「不要亂跑，還有砲彈會打來的。」只見學生奔跑去撿共產黨打下來的宣傳彈，學生撿來拿到防空洞裡給他看。這些文宣上面寫著一大堆謾罵蔣匪幫的文字。過了一段時間，堂哥習慣了這種戰地生活，就不再害怕砲彈轟轟響了。

堂哥教了一年書就回學校念書，之後就有家長請堂哥當家教，大學四年他都是靠當家教賺錢繳學費的。

脫貧要靠讀書改運

父親吃過沒讀書的苦，年輕時在織布廠工作，有人找他一起開織布工廠，但是父親不識字，他認為，「不識字，怎麼跟人合作？被吃掉了，都不知道。」二弟守中說：「我是比較幸運的，我比哥哥們晚生十幾年，所以我並沒有感覺到家徒四壁窮困的感覺。不過父母親有一個觀念，就是無論環境多麼不好，他們總是以培養孩子讀書為最大目標，所以我們只要能讀書，每一個人都全力以赴。」

大弟跟我差五歲，當時他聯考的分數足以進師大，但是觀念上他對讀師大出來要教書，意願不高，寧願選擇念大同工學院，能有一技之長。

然而，堂哥的身教直接影響到我和弟妹們，大弟守嶽還記得他考上建中時，學費無著為了賺學費，必須去打工，就告訴堂哥說：「我不想念書，都沒有錢繳學費，乾脆去工作賺錢好了。」堂哥就勸說：「那麼好的學校，為什麼不要唸？再苦都要咬牙把書讀好，只有讀書才可以脫貧的。小達達都不怕苦，鼓勵你們讀書。我們張家的孩子，只有讀書才有可能一代比一代好。」所以我和大弟讀書時都很辛苦，也必須到處打工或當家教賺錢。

堂哥後來進入到中國青年救國團工作，他博學多聞，在救國團做到台北市一級主管，回到總團部又擔任一級主管之職。十多年前已退休。

堂哥非常孝順，從他開始工作，大伯母就一直跟著堂哥住，大伯母一直活到九十六歲才過世。「叔叔這一家我都沒有照顧到，我覺得很遺憾。幸好我的幾個堂弟們都很會讀書。」堂哥很欣慰的說著。當年擔任公職薪水很少，他笑稱：「一個人的薪水只能吃半個月，剩下的半個月，就回太太娘家吃岳父的。後來公務員薪水調高，日子就好過多了呀！」

在官場上他看盡每一位當官的風華，有起有落，他從不攀緣附勢，所以他在講這些官場現形記故事時，常有喜劇性的黑色幽默，外帶一點點揶揄，及那一絲絲豁達開朗自我陶侃的意味。年少時為我們分析時局與這些官場人物特質，在那苦澀的流金歲月中，為我們點燃起對人生擁有無限憧憬和希望的力量。

這就是終生喚父親為「小達達」的堂哥。他教我們做人要「懂得知恩圖報」，時時要感謝「他人的知遇之恩」，這樣的人生路才能走得長遠寬厚。我成長時最好的學習榜樣，他是當之無愧的。

2 他是我一生的「難友」

徐烈鈞可以說是我生命中重要的患難之友。我們倆從小學八九歲時就認識交往，直到現在彼此都已升格當祖父了，依然如「難友」般相互支持打氣，走過人生歡欣鼓舞或是低盪不堪的日子，在笑聲中我們暢快的談著一甲子間的友情過往。

那一年我們都剪了一個拙拙呆呆的西瓜皮頭，穿著卡其色制服，一雙黑色大頭型皮鞋，鞋底下釘著一對鐵片，走起路來畫在水泥地上，發出「喀搭喀搭」的聲音，頂神氣的。我的好友徐烈鈞，總在看見我的第一眼就說：「你的鞋子擦得真潑亮呦！」他肯定我注重外表整齊的做法，日後他也和我一樣，兩個人的鞋子一亮相，都是雙雙亮光光的。

徐烈鈞是竹東客家人。從小我們是鄰居，他父親在泉州街上開了一家理髮店。我經常去剪頭髮，很自然就和他熟識。我們兩人都是玩「尪仔標」紙牌和打彈珠的高手，只要我們參加，每次都會贏一大堆「尪仔標」和彈珠回來。

他經常跟我聊起小時候到我家的情形。他在搬離三重後多年，還經常去探望我的父母親。他回憶在我家吃饅頭喝稀飯湯的往事，很感激父母親視他如自己孩子般。他完全聽不懂祖母、父母親所說的山東話，每次都要靠我翻譯。祖母每次在端午節都會做粽子，到每一家去兜售，他認為祖母真的很會做生意。每次父母來美國，在紐約下機，我都委託他代為接機，他總是二話不說，再沒有空也要抽出時間來陪我父母親。

也許是我們兩人家世背景相同，都是出生貧戶，喜歡念書，人生價值觀相近。所以從小我們就有說不完的話，你難以相信兩個大男生可以離譜到，明明是我要送他到車站搭車回家的，最後換成他送我回家；有時候聊到太晚了，只好跟我同擠在我的單人小床上。難怪弟妹們都笑我們真像是一對「雙胞連體嬰」。

我和他一路從小學、初中、高中都同校。小學時，我當四班班長，他則是五班班長；成淵初中，我倆又是隔壁班，我十班，他十一班；建中時，我是十班而他十五班，都是好班。

我們初、高中聯考時，很有默契的都考上第一志願進同一所學校，只有考大學時，我考上台大土木系，他考上成大機械系。他經過多方考量後，第二年重考，考上師大化學系，教書兩年後出國，而我則比他早二年出國。找對象結婚時，事前彼此都沒有商量過，竟然也能選在同一天結婚，你說巧不巧。我還記得當時我們共同教會的朋友，為了友情的公平起見，還飛奔兩邊跑場喝我們的喜酒呢。

不改厚重「奮青」本色

我們都是當年的文藝「奮青」，喜愛看課外書，又愛寫點小文章，還自命有些文采。

記得當時我最愛看的書，有林語堂的「生活的藝術」、羅曼羅蘭、咆哮山莊、簡愛、她的一生、羅亭、飄、脂粉球、莫泊桑、齊瓦哥醫生、魂歸離恨天、約翰克里斯朵夫、獵人日記、老人與海、茵夢湖、憂愁夫人等等。此外，我們一塊關心保釣、台灣前途、文化認同、族群融合、環保等等問題。曾經我們也誓言將來學有成就後，能為國家做一些事情。

這些年我儘量利用機會回台，提供一些環保系統方面的新資訊與研究，為這塊曾經鞠我、育我的台灣土地盡一份心力。而他毅然絕然先我回國，他來美拿到紐約州立大學水牛城分校化學系博士，在美國居住廿多年後，在兩千年五月回台灣，在工業研究院服務。

回台後他不僅在報章雜誌上，以關注生活議題發表評論外，還身體力行。如社區居住環境，只要發現哪裡被污染、被亂貼小廣告，他就會「雞婆」的寫信去相關單位建議。

每天早上趁運動時，還順手撿拾起垃圾。他剛開始撿拾垃圾時，大約五、六袋之多，在他身體力行下，果然感染了周遭的人。他告訴我說：「台灣一直在進步耶，我現在每天撿拾的垃圾量大概是兩袋左右，少多了。」他總覺得只要每個人從小事做起，每天多做一點點，環境就會更美麗。他笑稱，「有做還是有進步的。」

而他覺得各種好的價值觀一定要長期地從小教育起，這樣才能根本解決問題。

此外，他不向惡勢力低頭的精神是我佩服的，他在回到新竹老家，在芎林小鄉村蓋了棟透天厝，鄉公所竟藉口說需要新的行政區，處心積慮規劃都市計畫，要拆除他居住十多年的住宅。他號召鄰居成立自救會，爭取權益。

他仍然和年輕時一樣，永遠是個古道熱腸的「奮青」，這點是他令我折服的地方。這位相濡以沫的「難友」，和我的人生態度相近。不求聞達顯赫，也不求金銀滿貫，只求天天好心情，若是行有餘力，多做些有益社會、扶持弱勢的公益事。

《論語・述而篇》子曰：「飯疏食飲水，曲肱而枕之，樂亦在其中矣。不義而富且貴，於我如浮雲。」我和他都有這種不羨慕富貴的傾向。

3 「貴格教會」獻詩日

在我成長過程中，三重同安街上的貴格教會一直是我最懷念的地方。在那個沒有電視聲光娛樂的年代，對年輕人來說，上教會讀聖經唱詩歌，順便交朋友，尤其是和女孩子們講講話，那是一件非常開心的事。當然可以領一些美援衣物、奶粉、麵粉及漂亮的聖誕卡片，是當時教會能吸引我和弟妹們參與加入的初衷吧。

貴格教會的彭牧師、彭師母是一對親切和藹的夫妻。我還記得彭師母，我們都稱她為蔡老師，本省人個子瘦瘦高高的，笑起來甜甜的；而彭牧師則是胖胖壯壯的，講道時宏亮的嗓音，大到教會屋頂都會發出嗡嗡的迴聲。牧師夫妻生有兩男三女，住在我家泉州街入口處，一排總共九間的二層小樓房裡。是當地唯一有小高樓的地區，每次刮颱風淹大水時，牧師家的小樓，都是附近鄰居家避難逃災處。

每個星期六日是我最開心的日子。星期六晚上我和徐烈鈞會一塊上教會參加青年團契練習唱詩歌；星期日上教會做禮拜時，要先在教堂上獻唱詩歌。要將我們前一天晚上，在師母蔡老師所「惡補」的詩歌獻唱出來。我記得徐烈鈞和我一樣都是五音不全的，我們只好混在低音部，其他女生都唱高音部，唱得真好聽。然後才是牧師的證道，他每次都是講一句聖經裡的詩篇，然後再以故事的方式分析，他的講道生動活潑，有一股魔力很能吸引人。做完禮拜後，牧師就邀我們去他家吃一頓免費的午飯。這樣的一天對我來說，覺得十分充實。

愛是恆久的忍耐

當年在彭牧師的證道中，特別強調做人做事要重誠信，時時幫助別人，年輕時候要多交一些益友，這些道理烙印在我幼小心靈上，產生很大的影響。

後來有機會來美國，在美東地區才發現居住的地方有很多貴格會。據了解貴格會在當初創立時的名稱，就是名為「朋友會」（Friends Church）之意。在約翰福音十五章十三－十五節中，耶穌說：「人為朋友捨命，人的愛心沒有比這個大的。你們若遵行我所吩咐的，就是我的朋友了。以後我不再稱你們為僕人，因僕人不知道主人所做的事，我乃稱你們為朋友。」

貴格教會的創始人喬治福克斯（George Fox）是一位氣魄雄渾、信心堅定、勇敢誠實的宣教領導人。西元一六二四年，當他在十九歲開始對人生產生疑惑，花了五年時光依然無法找到生命意義的答案。於是當他發現「內在基督之光」的真理啟示後，將其一生都奉獻在為基督真光作見證的艱苦路程上。

不到十年，貴格會傳道人的足跡遍及整個英格蘭、威爾斯、蘇格蘭、愛爾蘭，甚至到了歐洲。至於中國是在一八八七年開始，由美東俄亥俄州貴格會差派宣教士到南京來傳福音、辦學校、蓋醫院。一九五二年，美東貴格會弟兄們在一次靈修會中，蒙聖靈感動，決定對台灣的中國人做更多的宣教工作。

初期貴格會在台灣的宣教，是從嘉義地區開始。之後才分別往北部擴展到台北萬盛里、大直、圓山、新店、鶯歌、基隆及台中、埔里等地。最初宣教的五年當中，分別建立了十間以上的教會。之後，每年約以成立一間新教會的速度增長。

貴格會友的生活都以儉樸、誠實為主要原則，讓每一間教會都能達到「彼此相愛、互相關懷」的自養目標。[1]

當年我經常去的三重貴格會，在我讀大學時，隨著牧師全家移民美國紐約而關門。曾經擁有我們那個年代年輕人歡笑、崇敬上帝的一顆心，也隨著教會的關閉，大家各自分散；像冰裂的湖水，在春天燕子來時，化成一波滔滔水，不復回。

父母親去美國看我時，在紐約轉機時，還由好友徐烈鈞帶去牧師家敘舊。後來彭牧師在紐約經營禮品店生意，經常被搶，生意難做，不久也就過世了。我常想，一個對上帝有如此虔誠信仰的人，為什麼上帝無法眷顧到他呢？然而，當年彭牧師師母對我溫暖的呵

1 （參考　在上帝面前恐懼戰兢—基督教台灣貴格會簡介—鄭新教牧師／基督教台灣貴格會聯會主席）

護，卻是日後每遇到不稱心事時，成為即時轉換心情的最大鼓舞力量。

4 建中我們這一班

一九六四年（民國五十三年）七月廿五日，是個難忘的日子。那天正是高中聯考放榜日，我才走進巷口，彭牧師馬上叫住我，「你考上建中了！」我們成淵中學葉天護導師帶的那班五十六位同學，有五十人考上建中。

開學前一連串新生訓練，讓我們這群愣頭愣腦的新生建中人，大開眼界。當年每一位建中人，一定對那位滿臉和藹慈祥，雙手交叉於背後，微駝背矮壯身材，還三不五時出現在校園、紅樓走廊和每間教室過道的賀翊新校長印象深刻。

新生訓練這天，我們像一群菜鳥，坐了一天的硬板凳，腰酸背痛，簡直累死了。校長賀翊新一上台，精神抖擻，一番鼓勵我們年輕人的訓話，他說：「有遠大抱負的人，一定目光深遠，胸襟廣闊，不拘泥於小節；做事要有恆心，勤奮是每一個年輕人都應該要有的美德。考上建中，還要繼續努力，不能以此為傲，不再進步。」

訓導主任則希望我們能在建中三年，同學之間能培養出深厚的友誼，而且還要有國家民族觀念，這是建中人責無旁貸的責任。聽得我們腦袋發脹，直覺認為師長要灌輸我們「覆巢之下無完卵」的敵愾同仇觀念。現在想來那真是一個「反共抗俄」的大時代呢。

建中十班，是一個非常特殊的班級，套句現在話說，就是「資優班」學校按照高中聯考前一百五十名績優分數，由最高分依序排比，分別編在5、10、15、20、25五個班內，建中一九六四年我們高一十班就這樣破卵而生了。

我們這一班有來自大同、萬華、成淵中學及其他各縣市優秀初中，每一位同學「身價」不凡，都是各校的佼佼者，能文能武，可想而知高中三年會是多麼有趣的生活。而我們這一班自一九六四年進入建中高一十班，到一九六七年畢業，一共有三十位同學保送或考上台大，另外還有二十幾位保送或考上清大、交大、成大。由此可見本班的實力雄厚吧。

這些日後在社會各階層獨領風騷的同窗們，在我記憶中，「英雄出少年」的氣魄早就流露出來了。

春風化雨師道情

在此之前，我先介紹建中求學成長過程中，一些「教我們如何不想他（她）的老師們」高一導師是孫錦庭，他教我們國文。但是他又兼任學校秘書的工作，想當然爾我們較少和他互動，因為他太忙碌了。但是他上課講的一句話，很有意思，他說：「在芸芸眾生裡能相聚一塊，是不容易的。俗話說，同船共渡，三生有幸。師生一場自是有緣，師生間如果沒有情感，那教書有何樂趣呢？」顯見那是尊師重道的年代。

教數學幾何的譚嘉培老師，外號「譚幾何」最讓大家回味無窮。他頭髮啵亮亮，總是抹著一層厚重的髮油，一襲筆挺西裝，下搭一雙漆黑亮的皮鞋，嘴上銜著一管煙斗。整體看來嚴肅中帶著高雅氣息，但是他脾氣一發，幾乎可以「不可收拾」來形容。他打分數十分嚴苛，絕不放水給人一分。他要求學生只要做到——「上課前預習十五分鐘，上課時仔細聽講，回家複習十五分鐘，一切都沒問題了。」

葉忠訓同學是本班有名的才子，他在建中三年，幾乎是以「寫打油詩、畫四格漫畫」為樂。所以後來，他把高中三年課本上的塗鴉作品一、一剪下，居然還能貼滿三大本作業簿。可想見戰果非凡。看看他畫下的譚嘉培老師，就知道譚老師的嚴肅發飆功力。

他是這樣敘述的——「譚嘉培老師脾氣有時會火爆。高一某次上課時，他指指我，要我回答一道極為簡單的幾何題，當時我正胡思亂想，沒能解答出來。譚嘉培老師就要我在黑板邊『罰站』到下課。真是奇恥大辱。過後，在幾何課本上我重重的報復譚嘉培老師一番。」原來在他的塗鴉本子上，那位只穿著小內褲、露出一身小排骨，外加一句「蠻清楚的嘛」的旁白，就是譚老師呀。真是君子有仇馬上報的「現世報」。

教音樂的金仁愛老師，我們背後都叫她「母老虎」。她上課時很兇，不知是不是我當年害怕上這堂音樂課，導致日後凡唱歌必「五音不全」的慘痛下場。金老師是一位韓國來的華僑，她先生就是高一時擔任教務主任蘇雨辰老師，升高二後他又轉任訓導主任。他有著一頭少年白的白髮，經常穿著一雙大涼鞋，每次站在講台上訓話，可以講個老半天。尤其夏天太陽又大，有些同學聽訓到中暑昏倒。

他的夫人金老師胖胖的身材，擁有一個微凸的腹部，一看就是唱義大利女高音的大肚量。金老師每次教我們唱歌，只要大家吼得太厲害，她就臉一沉兩手攤下來，我們就知道金老師要發火了，準備挨罵了。

金老師是很認真的，為了教導我們正確的丹田運氣發聲唱法，她可是無不用其極，甚至找同學上台，一一用手平貼在她的小腹上，然後她一吸一呼的運氣，讓我們感覺一下唱歌當以丹田運氣的模式發聲，而不是用喉嚨胸口亂亂吼唱的方式。為此，我們對老師如此自我犧牲的「以身試教」法，每一個人在靦腆、驚嚇中，都感受到這震撼教育的威力彈。

這是葉忠訓的英文啟示錄，分享給大家，我想也是大家的想法吧。

What a wonderful experience it was !

How I wished that she could have been younger and more beautiful 1964.

教英文的莫如坤老師，印像中她非常溫婉高雅，是位相當負責任的老師。老師教我們如何活用英文，文法、片語如何運用，老師都自有一套教法，讓我們很樂於上英文課，並且也有能力看了很多英文小說，無形中增加英文閱讀能力。後來我的托福英文能考到六百多分，都是在高中時，由這幾位良師所打下的基礎。

地理老師禹文貞講起地理口若懸河，我們每一個人都跟著她神遊中國去了。尤其她提起山東萊陽的梨、蘋果，真是說得「一口好梨」，聽得我們有如津津有味地啃食著山東梨，流滿一地的汁液，讓我們回味無窮。

少年狂狷記錄史

大家一定還記得建中有名的橄球隊吧，每一次在球隊獲得全勝利時，每一位建中人都會高唱著校歌：

「東海東，玉山下；培新苗吐綠牙，春風吹放自由花。為樑為棟同支大廈，看！我們重建燦爛的新中華。體格強，志氣大；勞不辭，苦不怕，樂群敬業，忘己利他；知恥力行，愛校如家。同學們！同學們！同學們！努力奮鬥同建大中華。」

然後彼此又哭又笑又擁抱的火熱場景吧。

打開少年狂狷錄，首先介紹本班班寶王國恭，很會唸書，台北醫學院畢業，擔任馬偕婦產科主任，是本班探閱女人身體最高紀錄者。因為他是婦產科名醫，當然也是接生大王，好多 baby 都是出於他的手。還記得他讀建中時的一件糗事。有一天，他洋洋得意地騎著一輛腳踏車，車後還載了一位老兄，正在優雅的跨騎過南海路植物園前面馬路上，不巧被教官逮個正著，馬上吹哨子把他攔住。當時校規規定，在校外騎腳踏車不能載人。他就是因此被訓導處約談，還記了一小過，真是衰。按照現在來看「騎單車後座載人，違反校規要記過，怎麼可能？」匪夷所思，真是此一時彼一時也，不可同日語。他最大的長處就是很會說一堆讓人想入非非的異色笑話。每次見面都有讓人噴飯的講本，所以大家在這種年紀都會很渴望經常與他見面，因為經常笑哈哈也是養生之道。

班上永遠的第一名邱英世，台大心臟科名醫，目前是台灣小兒科先天性心臟病開刀的權威醫生。他和我一樣都是成淵中學的，我是成淵第一名考入，而他是成淵第一名畢業的。他非常優秀，出生醫生世家，父親是中山北路二段有名的邱內科醫院院長。他認為初中考入成淵中學是失誤，依他的成績應該要考到大同中學的，所以他一進入成淵中學就很用功，最後以第一名畢業，一洗當年失誤之恥，在建中也是全校第一名畢業。

此後，馳騁在優異權威的心臟科領域外，他還去讀了神學院，成為傳道人，經常到各個教會傳道。我們這位在醫界、神界都通的同學，每次相聚大家都很愛聽他的智慧之語。他不但是大家身體上的導師，也是我們心靈上解惑人。

另外一位許信靖同學在美國工作多年後，也去神學院進修，當了牧師，目前在台灣牧道。

此外在醫界的還有葉明倫，他在台大醫學系畢業後，到美國約翰霍普金斯大學任小兒外科研究員。並曾擔任馬偕醫院、新光醫院、北醫附設醫院小兒外科主任，還曾經是忠仁忠義兄弟分割的主刀之一。

而謝輝和，是台灣的換腎權威專家，擔任高雄長庚醫院的腎臟移植工作，醫術超群。王志略、游丞德，這兩位同學在藥學發展研究方面，都有很卓著的成就。

目前是中興大學校長的李德財，又是中研院院士，曾任資訊所所長。我倆高中大學都同校，只是大學時他讀電腦資訊，我讀土木工程。出國後我們在伊利諾大學又他鄉遇故知，格外親近。還記得我在伊利諾大學修博士時，第一天晚上就到他家去吃飯，她美麗的妻子明珠燒了一手好菜，那晚讓我有回到家的感覺。

李德財非常聰明，在學校時我比較沈默寡言，而他的人際溝通關係非常好。見微知鑑，當年就看出他日後的不凡成就。他伊利諾大學博士畢業後，到西北大學教書，他的老師劉炯朗課講得非常好，又是電腦資訊專家，李德財在他老師這學到很多東西。後來劉炯朗回到清華大學當校長，李德財也就束裝返國，先在中央研究院服務，一個機緣下出任中興大學校長。他是一位相當認真做學問的人，對教育下一代很有使命感，熱忱投入。他不僅學問研究有心得，還是運動方面的能手，很有運動細胞。我記得他經常打排球，是位排球方面的高手。講到本班既能文又能武的勇士人才，李德財可堪稱當之無愧者。

另一位在文學界頗享名氣的呂正惠教授，是我們建中高一十班的同學，他在高二時，因興趣關係，轉到文科乙組，考上台大中文系，後擔任清華大學中文系系主任。還記得王亞春老師經常把呂正惠寫的文章當成範本，在課堂上大聲念給我們聽。記得他寫一篇理髮店的故事，他將店裡形形色色的人事物，娓娓道來，讓人有身入其境的感覺。那時我就覺得他是位真正有文采會寫文章的才子。

葉忠訓同學和呂正惠一樣，在當年都是充滿文藝氣息，很有才華的「文青」。上課時能一手畫漫畫，一手寫「打油詩」，還能專心聽老師上課的同學，非葉忠訓莫屬。他是學工科的，一家私人公司的高級主管。近年我們班上同學能在一九六四建中十班官網上，經常看見葉忠訓的高中記趣憶往，都是他老兄的佳作。依他的製作能力手法，套句現在流行的「文創」來說，他可稱得上是這塊領域的佼佼者。

在建中時，舉凡康樂文藝海報設計，只要找到他，我們大夥鐵定高枕無憂。而本班高一課業繁重，但是班上的勇士們，在他的策劃下還能不忘戶外活動，雨中攀登公認最危險路線之一的皇帝殿，及到陽明山露營，參與者有游丞德、鄭逸群、沈添福、葉忠訓，印象中還有李德財、王國恭、葉明倫，這些記錄都在葉忠訓三大本的剪貼漫畫簿中記錄著。

近年他退休了，更發揮他的長才，在官網上報導分享有趣的逸事及展覽資訊，還將在台灣的同學們週末登山餐敘，及眾家的婚喪喜慶，做成事件簿與大家分享，讓大家能再次手牽手心連心在一塊。

而另外幾位同學在航空機械化學物理方面，都頗具聲望，備受學界企業界各方的推崇。如洪志賢，漢翔航空工業董事，在航太方面有極高的權威性，而且他文筆相當好，雅興一發，提筆有如神助，詩篇無數，尤擅打油詩，精準剔透，可讀性很高。

馬毅志，擔任過六和機械工業公司執行副總經理，長期是中華汽車協會會長，還曾經是私立桃園六和高中的校長。他一手毛筆字，絕不是蓋的。近年到中國大陸換肝腎，身體復原得很好，他的夫人伊紅貼身細心照顧，功不可沒。

黃紹光，在化學方面的成就非凡，擔任哈佛最初的核磁共振實驗室主任，不但如此，文學造詣也很高，可能是長期受其夫人張鳳女士的薰陶吧。張鳳女士是位活躍于北美的華裔女作家，在哈佛燕京圖書館工作二十多年，致力於弘揚推廣中華文化，與多位華人學者常相往來，如張光直、趙如蘭、余英時、葉嘉瑩、夏志清、李歐梵，彼此亦師亦友。寫了六本有關哈佛的書。夫妻鶼鰈情深。

楊耀武，曾經在美國ＨＰ工作多年，有電機方面長才。李定國，中央研究院物理研究所所長。他們都是本班的一方之秀。

最後講講我們的壓軸人物，我們的長青班長祁建年同學，他是一位辯才無礙，極為出色的律師人才。他仗義執言，任何冤屈不公事情，找到他一定可以迎刃而解。他的熱心度，從他近五十年來不改班長管東管西的「雞婆」本色來看，他真的是我們永遠的大班長。就像這次大家只要說一聲，請老師來參加四十五週年同學會，他就開始分組督軍，半年前的緊密作業，才能成功地展現在團聚的那一天。這些背後的點點滴滴，都要經過事前千錘百鍊的琢磨預演的。大聚小聚五花八門的活動，如十班春酒會、花漾會，女兒們開的畢業演唱會，每五年舉辦一次高中同學會，他幾乎無役不與，邀請大家捧場共襄盛舉，讓原本有點點低盪的場子，在他的妙手下，立刻璀璨起來。給了我們很多的回憶與回響。

還記得這首當年葉忠訓他們去情報局參訓時，所唱的這首「我現在要出征」的歌嗎？

我現在要出征　我現在要出征
有伊人要同行　唉有伊人要同行
你同行決不成　我現在要出征
我若是打不死　我總會回家來看你

唱完看看你的中氣是否依然十足，就可證明是否依然寶刀未老。而我們這一班，當年訓導主任說，「上建中，要交朋友」。他如果知道我們的情誼可以維繫近五十年，他一定會很欣慰的。

5 王老師的便條紙

校長，各位同學及夫人們，大家好：

我自小住北平，小學中學都在那兒讀書，因遇戰亂我們同學大多不願留下，都到大後方，而我留下來就讀北平教會學校輔仁大學，繼續研讀。抗戰勝利後，又由北平到台灣，有幸能在建中教書。建中是台灣最好的中學。因為我不太會講話，而且上課都很緊張，每年都要換班教學，每次上課前都很努力準備，但一上講台所準備的都忘記了。因校長在朝會時，都會請一位導師輪流上台講話，而我是很緊張又怕上台。當校長也要我在朝會時上台講話時，我害怕的告訴校長，你要我講，你就讓我辭職不幹了。所以當年全校就我一個人沒有在朝會時上台講話。但今天在這麼多人的聚會，我又不得不講話，感謝周啓超這次請我來參加這個盛會。我先介紹周啓超，他是當年三班的級長，我當初就看出他很能幹，將來一定會有大成就，果然今天除了他的成就外，還能召集這麼多人的同學會，實在很了不起。雖然已畢業五十年，同學們都有很好的成就，還會有更好的前途。

因為我不太會講話，這幾天呆在旅館裡感觸很多，但年老神思大減，只能以幾句韻語與同學共勉。想著就寫些感言的順口溜（四則）送給你們。順口溜就如當年北平打竹板不用想，順口就說出一樣，而都是押韻的。我就將這寫出的感言送給大家，作為你們畢業五十週年慶的賀禮。我回澳洲後，以後希望繼續和你們保持聯絡，我祝福你們！[2]

有緣千里來相會

人生聚散本尋常，歷盡滄桑易感傷
當年八方聚首俱年少，甘苦與共豈能忘
他年再聚當不久，屆時中華更富強
超英美，勝漢唐，建中學子盡棟樑
諸君年富我愈老，仍願同心齊著力
使我母校建中更輝煌

---

2 節錄自建中一九六二畢業五十週年慶網站文字記錄。

相見歡

人至暮年情更深，相逢不禁淚沾襟
萬水千山難阻隔，人生樂在相知心
（借用北宋政治改革家王安石〈明妃曲〉詩原句）

舊兒變新顏

建中沙漠草青青，植物園水映碧空
諸君朱顏猶未改，舊遊之地亦年輕

自述

不修邊幅不修名，碌碌庸庸度此生
祖輩仁厚傳鄉里，子孫守成尚達情

艱難苦恨雖嚐盡，親情友情樂無窮
人生至此何所望，率性何須與俗同

這一篇致詞文及順口溜，是在建中高二時，擔任兩年班導師及教我們國文的王亞春老師，她在二〇一二年（一〇一年）四月應建中一九六二年同學之邀，出席該屆同學慶祝建中畢業五十周年紀念會上的致詞。

老師以九十二歲高齡特別從澳洲返台參加這場盛會，而我們十班同學也藉此舉辦了畢業四十五周年慶。當時海內外同學來了很多人，二十三位同學連家眷共有三十多人，整個活動溫馨感人又緊湊。主辦人由班長祈建年擔綱，上午安排到士林爬中正山活動，練一練每一位「不老」的健康體魄，下午進行同學敘舊交談和返回建中母校活動，晚上則在亞都麗緻飯店舉辦餐敘。

古人說：「一日為師，終身為父。」建中三年在老師們諄諄善誘的學習過程中，每一位老師都是值得我們無限感懷的。

王亞春老師，從她第一天進教室教我們國文時，我直覺認為，「王老師是一位可以親近的好老師。」這是我對其他老師從未有的好感。她告訴同學，讀國文只有兩個目的，閱讀與發表。她也鼓勵同學要多儲備知識能力，將來有機會能為國家社會人類服務。在做人處事方面，她要求我們要謙虛多體諒別人，待人以誠不虛偽。她自認是一位不善辭令的老師，但是她對教育充滿著誠懇與熱情，對家庭清貧的同學，她會多花一些心思去鼓勵他。這點在我日後的教書生涯中，我確實能感受到當年老師作育英才的細膩度，也能在帶研究生的過程中，傳承老師這份愛的高妙藝術。

我還記得老師知道我家的情況，經常她會私下給我多一些關懷的叮嚀。知道我和剛考入建中的弟弟，無法繳交學費，她毫不遲疑的拿出錢來幫助我們。遇到學生家長需要家教指導，她也會幫我推薦介紹。

老師是隨著國民黨來台的，在那個兵荒馬亂的年代裡，想讀書或能否讀書都是件不容易的事。她感受到國難當頭，孩子們也只有讀書才有可能有出頭天，才能有改變自己命運的可能性。她是一位認真的人，每天比學生還早到學校，開朝會時，也陪著我們一塊站在操場上。有時候火熱的大太陽都快將我們烤成肉餅，快受不了了，但是老師依然挺直腰桿，一直陪我們到散會。上課時，她從不敷衍了事，她仔細地將課文一遍又一遍地分析清楚，旁徵博引，不管是註釋或典故從不遺漏，她總希望能藉此拓展我們對文學廣度深度的接觸了解。日後本班出了許多理工醫學系高材生，不但是本科系高手，同時還能舞文弄墨文采飛揚，大有直追「三蘇」之勢，這些都是拜老師當年國文課的薰陶所賜吧。

老師以心來對待學生，有如母親對待自己的子女般。對於好成績同學，她適時給予贊賞；對於推拖拉敷衍的同學，她也會不假辭令，給予糾正。她總希望學生在成長過程中，就能養成克己好禮、自我約束的好習慣。

但是班上少數固執的同學對於老師的說法，大不以為然，總認為這些都是枝微末節。在上國文課時調皮搗蛋不聽講，甚至出言頂撞，讓老師相當心灰氣餒。還記得那天在課堂上，老師很自責地說：「沒有盡到做老師的本分，將國文教好，引發同學們的興趣，這是我的失責處。」聽完老師的自責，同學們都覺得很慚愧。

對於老師的自責，當天我在週記寫下反饋意見，主要是認為老師不要因為少數同學的偏見而灰心，因為同學們都了解老師的苦心，希望老師能釋懷。

沒想到老師特別給我寫了一張便條紙，文如下：

「你的話使我深受感動，同時也感到無比的惶愧。對於一個像你這樣純潔善良的人，除衷心地祝福你幸福快樂，將來有個光明前途外，還能為你作些什麼呢？」

一張便條紙只有短短的六十二個字，卻使我非常感動，一生珍藏它。王老師看見了一個學生看事情的高度，她用愛的鼓勵讓當年的我發現「將心比心」的可貴。在我們師生情誼將邁向五十年的時光裡，我衷心誠摯的說聲：「老師，謝謝你。你是我永遠的老師，祝福你長命百歲。」

第三部　美國篇

第五章　自在

境隨心轉的人生

1 不吝惜追求與珍惜

有人常說：「男人窮，人家連女兒都不敢嫁給你。」但是，我在尋找伴侶的過程中，我一直都充滿著信心，毫不受窮的影響。

初中時，情竇初開，看見美麗有氣質的學生，就會跟隨她，一塊上公車，向她靠近，就很滿足了，這一天就會很開心。久而久之，就會記住她的學號及名字。初中時我考上成淵，她則是市女中，每次見到那一襲白色的制服，都讓我嚮往很久。就這樣默默地看了她兩年，都沒有勇氣跟她講一句話。高中我讀建中她念中山女高，又默默地看了她三年；後來讀大學，我考上台大，她考上另一所大學，上學的時間不同，就不再看見她美麗的身影，這就是我少年情竇初開的煩惱。

窮人家孩子交女朋友，說不受窮困家庭出身影響，那是騙人的。高中時我曾幫一對初中的姊妹當義務家教，那家母親會送些香皂到我家，同時也暗示我說：「我們家的女兒還很小，不懂事，你千萬不要追我的女兒。」其實她母親不要多說，我也會有自知之明的。另外一位讓我動心的女孩，也在她父親堅決反對下，認為「他家太窮了，弟妹又多，光是洗衣服都會洗死人的。」而打退堂鼓拒絕了我的追求。

我的妻子龐靜，是我在大三時我們班上同學跟一群政大同學一起爬山時認識的。她長得很可愛，笑起來甜甜地，我對她印象非常深刻。才見了一次面，我就覺得她應該是我未來人生路途上最好的伴侶。回去一星期之後，我大膽地寫了封毛遂自薦的信，因為沒有她家地址就直接寄到政大女生宿舍給她。期盼若上天眷顧我，雖然她不住女生宿舍，這封信也會到她手中的。

記得我們在交往的過程中，妻子一度受到父親的影響，而拒絕我的追求。

我的岳父母都是江蘇江陰人，岳家在江陰是地方上的名望世家。當年岳父為了不接受家裡安排的舊式婚配，他就帶著岳母私奔來台結婚。在民國三十年代，他們都是屬於勇於掙脫傳統教條束縛，有膽識追求個人自由幸福的新時代人。

岳父來台後，先在樟腦局工作，後來又和蔣徐乃錦的父親一塊從事進口生意，從北卡進口一些煙草，生意一度做得很不錯，妻子娘家算是殷實的家庭。岳父母對孩子的教育也很重視，他們兄弟姊妹共四人，妻子排行老二，是家裡的「管家婆」家中大大小小的事，她都能掌控關注。

剛開始岳父對妻子和我交往是相當反對，可是岳母卻完全沒有反對，有時還幫我們說話。妻子雖飽受壓力，但是都在我鍥而不捨的書信攻勢下，才漸漸放下滿身刺蝟的心，而全心接納我。

窮追苦守花開並蒂

我和妻子從認識、了解以至於相愛，一共歷經了六年。在這段時光的流轉中，我們經歷過失望、沮喪、痛苦和哀傷，幾度負氣想分手算了；但卻在彼此的包容下，共同分享愛情帶給我們快樂、歡暢、甜蜜和喜悅，而真心想在一起。

當這一切過程都已成為回憶時，我們愛情早就經過滋養、茁壯，而彼此真誠相待，容忍體諒，進而憧憬著未來，一起開拓美滿幸福的生活。

我是屬於早熟型的人，因為窮人沒有輸的本錢。由於我的自信，我絕不錯過任何「追求與珍惜」的機會，這是我在人生抉擇上的一個篤定態度。因為這份堅持的心，加上我又考上研究所、高考，岳父才不再反對我們的交往，並同意我們的婚姻，我們是在一九七五年七月六日在台北結婚，一個月後就出國了。

在申請出國的這段時間裡，我的岳父曾經對妻子說，即使我們都沒申請到獎學金，他願意借我們錢，等以後賺了再還他。所以說只要申請到不太貴的學校，第一年生活費岳父可以提供，以後就要靠自己努力了。

我非常感激岳父母不但讓女兒嫁給我，還把我們未來前途都規劃好了。所以在我工作的第一年開始，我都會從薪水中撥出一部分錢寄給父母親和岳家，謝謝他們對我的照顧及關愛。

第一次見到妻子龐靜，張守玉直覺認為，「她將是他未來人生中，最好的伴侶。」

妻子和我在美國，前一學期我們分居兩地。我先送妻子去德州大學念MBA，我則在北卡教堂山大學（University of North Carolina at Chapel Hill）這是美國最老的州立大學，有兩百多年歷史。因為拿到獎學金，必須重念一個碩士。

從此展開我們夫妻在美國三十多年胼手胝足的奮鬥生涯。

情書不老見真心

我一直到今天都還保留著當年我們往來的書信和日記，雖然已是三四十年前所寫的信及日記，但是從稚嫩的筆調中，透露出當年二十三歲時的款款深情告白。這告白傳達的是一種純真無邪的愛，和抉擇後的堅持心。每封信的每段話語，都是我們彼此誠摯的愛意和無盡的思念，今天讀來，依然能回味出年少時那份雀躍的情愫。

愛的信札一

靜：

等得好苦，亦不見妳的來信，心中又開始胡思亂想了，所以晚上只好打電話給妳。

有好多話本想說的，可是又沒說出來。對於一個富有的人，是很難想像貧苦的生活到底是怎麼一回事。我家唯一缺乏的就是錢，除此之外，我的家實在是溫馨可愛，家人都不大會說話，但總是充滿了關懷和溫情。我愛我的家，我永遠不能拋棄，不管如何，縱使是為了妳。對這個家我有責任，即使這是一種負擔，也是一種光榮的負擔，我永遠樂於去承擔。

妳認為這是一個問題，確實是個問題，不管妳認為是大問題或是小問題，妳應該仔細考慮。雖然我不願失去妳，但也決不會勉強妳做任何妳不願做的事。問題與困難總是會遇上的，關鍵在我們應該如何去解決問題，克服困難，如果妳不願面對這些問題，老實說，比我好的人多的是，我一個窮大學生又算什麼呢？

守玉

靜：

我們認識將近一年了，我想我們應該彼此很了解的，因我們無所不談，並且我們很真誠。可是我很難過，妳並不很關心我、喜歡我，也許這句話說得太武斷了，因有時候妳確實很關心，我知道。妳上封信說妳很討厭要上導師課，而討厭的原因不是我們要晚一點見，而是要寫一封信給我，難道寫一封信給我使妳那麼討厭嗎？

也許我不該再說，但我必須再說一遍，妳必須慎重考慮那個問題，妳知道貧窮的滋味嗎？當然我的家不會永遠窮下去，但至少最近幾年是沒有辦法改善的。妳可以找到更好的人，過幸福的日子。和我在一起，至少要艱苦地奮鬥若干年，雖然感情很珍貴，但它並不是一切，愛情並不能當麵包的。愛情是自私的，我不願失去妳，但是如果妳認為妳那麼做可以更幸福的話，我將祝福妳。

守玉　上

守玉：

上次沒給你回信，真是不應該，但我確曾花了不少時間準備好好給你寫封信，可惜只寫了三行就不知該如何接下去了，而你竟說不相信，真令我傷心，居然連你都不信任我，既然如此，我看以後我根本就不要說話，免得白費口舌。當然我知道，那也許是你的氣話，但你不能那樣斷然的說「我不相信」。

巧的事情就是那麼多，記得不？去年一月十日你到我家，而今年的一月十日我到你家，你說不知道我是否會嫌棄你家，老實說，我不是聖賢人，對於好的事情當然容易接受，但對於不合理想的事就不可能完全無條件的接受，但對於你家，你早就告訴過我，而且我也曾去過（只到門口），所以心中早有準備，要是我嫌棄它的話，你想我還會去嗎？你這一問，真可說是多此一舉。

真沒想到那天在咖啡屋你會那樣，當然也許是我使你很傷心，但你要知道男子的眼淚是不輕彈的，記住，以後有什麼事情用嘴講，不許哭，像我女孩子都不輕易的哭。你可能會覺得我很固執，但我覺得，只要我所做的沒有錯，還是固執一點好，你可曾想過，要是我也和你一樣，那種後果是什麼？這也並不是說我不替你想，而是說我不能那樣做，既然你很愛我，那又為什麼要我做我所不願做的事呢？

靜上

愛的信札二

靜：

妳的生日又要到了，我不知妳將如何過妳的生日，但不論妳在何處以何種方式慶祝妳的生日，妳知我的心是和妳在一起的。雖然今年還是和往年一樣不能和妳在一起慶祝妳的生日，但我們都知道情況已有很大的改變。

我始終相信，只要兩人相互了解，真心相愛，沒有任何力量可以把我們分開的。

我所有的愛情都是付給妳的，因為今生今世，妳是我唯一的愛人。在我的心目中，妳是我所遇見過的最好、最完美的女孩子，妳真誠、善良、美麗、賢淑，又能溫柔體貼，而最重要的是妳我彼此深深相愛。我很慶幸，也是我以前說過的，能得到妳的愛是我一生最大的的幸福，我也一定會盡我一切能力為我們將來的幸福而努力。

雖然我們分開了，終日思念，但總不為對方擔心，因為我們彼此信任。我也希望在任何環境中，不管是艱苦困難，或是安樂順遂中，都要彼此關切勸勉、安慰和鼓勵，都不要忘了彼此相愛。

祝快樂

守玉　上

守玉：

昨天收到你的信，真高興你沒有忘了我的生日你的信雖不能算寫得頂好，但對你的體貼之情卻能完全了解，而且它是無價之寶，比任何一樣生日禮物都要來得有意義、有價值，只是對於你那些讚美之詞，覺得受之有愧。因為事實上我並不像你所說的那樣完美無缺，但那些可以說都是我的目標，希望有一天真能做得像你所說的那樣好。關於你所希望的，也正是我所希望的，相信我們的將來是會擁有無比幸福的。

靜上

2 澎湖救命的拳腳師傅

我這一生最嚴重的受傷，總共發生過兩次，幸好都吉人天相，化險為夷。

第一次受傷是我在高雄岡山預官受訓時，發生在去台北參加高等考試後的回程路上。當年唸書一大出路，是能考上高考，畢業就可以進入公家機構，所以大家都會利用大學或研究所最後一二年來參加高考，如果很幸運能考上這種專業的土木技師執照，在那個時候是相當難得且又很搶手的。一九七二年我很幸運考上高考的土木工程技師優等及格，第二年我又考上衛生工程技師優等。

後來把一張土木技師執照租借給營造公司，所得費用對家裡的經濟不無小補。後來政府相關機構限制的較為嚴格，規定有執照的技師本人要住在國內。自此執照租借就畫下休止符。當年位於重新路上的三重警察局辦公室，是一家名為東光營建公司所承造，就是用我的執照去監工興蓋的。

記得在我考完高考的下午，準備搭車回高雄部隊，在台北火車站搭火車，當時人潮洶湧，我身形瘦小。火車一進站，所有的旅客一窩蜂地衝向車門口，車門與月台間有一道大約一步寬的隙縫，在推擠當中，不幸被擠進隙縫而摔落軌道上。當時心想：「完蛋了，火車一開，我就會被輾死，真不甘心啊。」正在哀怨的閃過這念頭時，幸好適時有人發現了，大聲呼叫：「有人掉下去了，快來救人呀。」在火車還未啓動時，將我拉了上來，緊急送往鐵路醫院。不幸中的大幸，只在頭上摔了一道裂縫，縫了六針，拿了些消炎藥，在醫院住了一晚才趕回高雄部隊。

妻子在得知此事後，還來信千交待萬叮嚀，說她哥哥小時候也曾跌倒，在額上縫過一針，但因線拆得太慢，所以留下一道很深的疤痕。特別提醒我要聽醫生的吩咐哪天拆線，就一定要在那天拆。若是拖延久了，等肉長好了，再硬把線拆出來，就會有深疤。二公分是很長的，若不注意留個大疤，不但難看，而且在額頭上有疤，是大破相，漏財又少福氣的。還好聽了妻子的囑咐，沒讓額頭破相留下一道深疤。

另外一次意外，是我在預官專科訓練後，抽中澎湖，比起有些同學抽中「金馬籤」那可是要幸運多了。我在澎湖待了一年四個月。這是一個多風多雨的海島，海邊隨時可以吃到新鮮的干貝，滿身花斑的大海鰻，新鮮的大蝦和大螃蟹。大螃蟹一斤才四塊錢，五隻就三斤才十二元。若是釣起大魚，魚頭煮湯，魚肉就烤著吃，烤魚灑點檸檬汁味道不壞。澎湖的哈密瓜更是真好吃，香甜可口，每次回台灣我都帶一大箱回去。

我分到澎湖馬公當土木工程官，負責做防禦工程，及營區房舍修繕工程等等。那天，我們在防禦工事的工地，看見有一小箱炸藥沒擺對地方，我就順手往上一搬：「哎呀。不好了，我的腰。」只聽到一聲「喀啦」我立刻倒在地上，爬不起來。

我的長官後勤組組長幫我介紹澎湖當地一位鐵打損傷的拳腳師傅，這位滿口台灣話的老師傅說：「你要天天來拉筋骨，我幫你按摩。」我連續給他按摩了一個星期，從原本腰直不起來，到完全可以站立。每天去按摩，那真是件痛苦的事，他每次塗一些藥酒在傷處，就開始用力按起來，每按一次我就痛到淚水直飆：「可不可以輕一點。」我哀求著說。「年輕人，痛就表示有按到，才有效，你咬著牙，忍一忍吧。」

幸好，沒有成為殘廢，只是我的腰一輩子都未痊愈，累一點點腰就不舒服，經常一不小心就會傷到腰，而站不起來。那位鐵打損傷師傅，我永遠都記得他，他那副要我快點站直起來的神色，讓我難忘。他說的那句話，「少年千萬不要傷到龍骨，一輩子就去了了。連做人都沒法度了。」還好他有夠努力「喬」我的龍骨，讓我生育女兒，完全沒問題。

3 飄洋過海的織錦被

我家四口蓋了一輩子母親手做的棉被。我剛來美國的時候，那時剛新婚，母親很堅持我們一定要把這床新婚的大紅織錦被帶去美國，妻子嫌棉被太大又厚重，外加枕套，裝箱非常費事。但拗不過母親，她總認為，「美國天氣很冷，棉被才能禦寒，不蓋棉被會凍著。」後來她到美國幾次才發現美國每一家有暖氣，一開就有禦寒的效果。

母親的棉被完全是手工製作，從不假手他人。她製作棉被，從買棉花到找人彈棉花，再將彈好的棉花縫上一層網布，避免棉花鬆散開來；再將織錦繡縫成被套，套在綿網布上。一條蓋起來溫暖有著太陽氣味的棉被就大功告成了。

因為這種棉花很重，台灣氣候潮溼，經常需要利用有大太陽的日子，將棉被放在院子裡曝曬，或用大木棍拍打棉被，讓棉絮吸滿太陽光而蓬鬆柔軟，這樣蓋在身上才會很舒服。

此後，我的女兒陸續出生，她又做了小孩子的棉被送到美國來。每一件都是她精心縫製的，女兒們小時候蓋著，可以整身都包得緊緊的，等她們逐漸長大時，小被褥蓋在心口上，雙手雙腳都伸在被褥外，蓋不了整身。

我們家每年夏天都有一個特別的晒棉被日，只要夏天一到，全家就將大大小小薄的厚的被褥，放在陽光下曝曬，晒完被褥，就代表送走冬天，夏天將至。而每年的晒被日，我似乎看見母親那笑彎彎的臉，輕輕撫摸著被褥，為我們蓋棉被的身影，那是我無法忘記對母親無限思念的記憶。

而這些飄洋渡海來的厚重棉被，二三十年來的每個冬天，都伴隨著我們全家。

「慈母手中線，遊子身上衣，臨行密密縫，意恐遲遲歸，誰言寸草心，報得三春暉。」讓我心有戚戚焉。

4 美國的 Gay 非彼 Gay

第一次去美國，到北卡教堂山大學讀書，住在 Chapel Hill，那真是一段大開眼界的日子。

北卡是一個民風很保守的地方，但是教堂山州立大學卻是非常開放的學校。該校有環境工程科學系，是非常有名的系所。過去台灣環境保護署署長及各處處長都是來此校進修學習的。高我一屆的黃烱昌是中興環工顧問公司，他在業界口碑很不錯，他也是這所學校出來的。

當時對初來北卡的我來說，一切都是不一樣的。到超市買菜，看到芹菜、胡蘿蔔、茄子每一種都長得大又圓；每到秋冬季節變化時，葉子變黃枯萎掉落；第一次遇見下大雪，白皚皚的雪花撒在天空裡，對生長在亞熱帶的人來說每一件事都是很稀奇的。但是，從沒有像這件對英文解釋的不同，而產生的大糗事，讓人莞爾。

有一天在宿舍的廣告欄裡，看見一則訊息「Gay Association」辦活動。我不知道是甚麼意思，就拿起從台灣帶來的一本中英字典，一翻原來 Gay 是歡愉的意思，心想這應該是一場令人快樂的活動吧，立刻決定去參加看一看。

一進會場，現場的布置不俗，優雅清爽。桌上有一大堆各色各樣的點心，熱門音樂全場播放著，耳鬢廝磨，人聲吵雜非常熱鬧。只是我放眼四望，才發現「這個活動裡怎麼都沒有女性參加呢？」音樂開始，大家雙雙對對進入大廳中央跳舞，怎麼都是男的跟男的跳。在台灣曾經也參加過舞會，偶而會看見男的跟男的跳，但都是找不到女伴時，臨時湊才會有的現象，不像這個活動完全是男性參加。

這時有位男士上前來搭訕：「你好嗎？」當時英文又不是太好，問候話說完，就搭不上話來，尤其又是男性來搭訕，越想越不對勁，只好跟對方說「Good Bye」落荒而逃。

回到宿舍，問室友「Gay Association」究竟是一個甚麼樣的團體呢？這才恍然大悟，原來是同性戀的聚會，差一點叫人笑掉大牙來。在台灣從來沒有用過 Gay 這個字，當年是一個封閉的年代，社會上對同性戀的認知風氣根本未開化，字典上也沒有這方面的解釋，所以根本也不知道這個字所代表的真正意義，對我而言還真是開了個大洋葷笑話。

我的舍友是一個很有意思的美國人。有一次，我下課匆匆忙忙跑進宿舍，才將寢室門打開，忽然發現室友床上被窩裡多了一位女性。當場嚇了一大跳，趕緊拔腿就跑出。原來他的女朋友來看他，兩人很久未見，就在宿舍親熱起來，也顧不得我是否隨時會進門來。當他們發現我進門時，倒是神色自若，反倒是闖入門的我面紅耳赤，不知所措，驚慌的逃之夭夭。

初來美國糗事一籮筐，像劉姥姥進大觀園般，土裡土氣，每件事都足以讓我驚奇不已。然而在美國待久了，很多事卻早已是見怪不怪了，這就是入鄉隨俗吧。

5 給魚吃不如教他釣魚

我是很幸運的人，台大研究所畢業當完兵後出國，先到北卡教堂山大學念碩士；一九七七年去伊利諾修博士，一九八一年大女兒永潔出生了，岳父不幸也在大女兒出生前去逝，走的時候才五十多歲。之後去密蘇里大學教書，住在洛拉市（Rolla），蓋了一棟屬於自己的房子。

二女兒永玲在洛拉市（Rolla）出生，在此地住了五年，期間父母親首次來美國，父母拿著我的邀請信函入美國海關，他們英文不通，但是兩老能夠轉機又轉機來看我們，真是不容易。他們看到我能夠在外地成家立業，又生有孩子，頗感安慰。在洛拉市時，孩子還很小，妻子全心照顧她們，並未出去工作，一直到我受聘北卡農工州立大學教書工作，全家搬到北卡的綠堡（Greesboro），孩子大一點，她才去上班。

吉福為孩子打中文底

綠堡（Greesboro）的中國人不多，家長都希望孩子們從小能有機會接觸中國文化，學習中文。於是我們向僑委會申請提供中文教學教材，我們的吉福（Guilford是Greesboro 所在的County）中文學校有十幾個小孩子報名參加，我身兼校長與工友，借了個會所，便正式開始。所有的家長都是老師，我們安排不同的課程，讓孩子們快樂的學習中文。

從最基本的認識中國字開始教起，到用中文說故事給他們聽，孩子在家長的強迫下，確實能接觸到一些中國固有的文化。可惜長大後進入小學，能說中文的機會不多，自然中文就退化了，但是至少在打底的功夫上，家長們都盡了一分心力。

在美國對於孩子的教育，我和妻子都是採開放方式，但是在小的時候，一定要教導她們學習到一些中國人傳統的基本觀念，如孝順父母、兄友弟恭、友愛朋友、見長輩要恭敬、說話要得體、自己份內的事要自己處理、能夠知足常樂、經常助人但不求回報等等，以培養中國人溫良恭儉讓的美德。

我的大女兒四歲時，就送她去學鋼琴，她學得很好。在她正式進入學校，她的那一班全都是美國人，只有她一個亞洲人。女兒在學習上很能適應環境，充滿自信，有分辨是非能力。她看見學校裡有學生抽菸吸大麻，她知道這種事不能做，雖然她們生長的生活環境，讓她們西化了，但因為從小父母親就已經灌輸一些正確的是非觀念，所以不敢逾越規矩。

畢竟我們都還是道地的中國人，在生活上的教導，要讓孩子知道自己是炎黃子孫，雖然她們自認已是美國人，不是中國人。在管教孩子方式，妻子堅持規定她們「三餐都要在家吃飯，中午帶三明治，都是吃中式餐，過中國式生活。」

妻子是一位追求完美的人，每件事都要求做到最好，要求孩子學習時一定要全力以赴。大女兒念醫學院，目前是小兒科醫生，她很喜歡看文學方面的書，閱讀能力很強，看書過目不忘，做事伶俐有效率，只要吩咐她做的事，她可以很快的百分百完成。她就曾說過，「媽媽是一位很努力的人，她希望我們儘量讀書，不用擔心學費問題，只要你能念，父母就全力提供。」不但如此，妻子還以身作則，退休後還再去修了一個會計方面的學位，所以大女兒對媽媽非常推崇，雖然妻子在教導孩子上有些時候是非常嚴格。孩子雖有反抗或不以為然，但都能多少了解她的苦心。

大女兒高二唸完後，就去唸一所州政府學校，該校專門把資優生集中在一所，施予特別教學法，經費完全由州政府出，不用付學費。大女兒推甄進入這所學校，可看出她的成績優異。在這所學校中不設排名，一般學校都會有排名，但這所學校例外，所有的學生都是全校第一名畢業。

二女兒沒有大女兒那麼活潑外向，但是她是一位很會整理東西的人，家裡書房裡每一件東西都整理得有條不紊。她去非洲工作，打電話希望我們幫她寄那件衣服或書本，她可以分毫不差告訴你，東西放在那一個櫃子裡的那一排，馬上就能找到，她就是有這種條理分明的本領。

二女兒唸大學，拿了全額獎學金，也進入了我們剛來美國唸的北卡教堂山大學。如果以她的程度隨便找個事，薪水一定也不差，但是她卻志願奉獻到非洲，去幫助當地居民，雖然我們做父母的，於心不忍，總希望兒女按照普羅大眾認定的生活模式工作、讀書。但是在美國多年，我們體認出無法決定兒女們要做甚麼，只能尊重，也佩服她的勇氣和熱情。

我和妻子曾經因為掛心二女兒在非洲的情況，二〇〇六年我們飛去非洲達荷美共和國（現稱海地共和國）去探望她。

達荷美共和國，是一個西非法屬小國。多年前該國總統曾經來台訪問過，大約在我讀初中時，我們全班還到中山北路拿著國旗，沿途歡迎該國總統的到訪。

這裡屬於法屬地，大部分人都以法語或當地土語溝通。這裡地廣人稀，國民所得很低，是一個貧困又多愛滋病孤兒的地方。四處種滿芒果樹，還有一種腰果樹，樹上生長的腰果，以外銷為主，吃起來乾爽順口，又很香。

這裡資源匱乏，沒有自來水，要用水必須到很遠的地方汲水，女人將注滿水的水甕頂在頭頂上，大步走水甕竟然可以安穩頂在頭上，都不會傾倒。

二女兒很能吃苦，而且還能甘之如飴，每天從住家到辦公室，必須騎腳踏車半個多小時，晚上下班，摸黑騎車回家。我們都為她的安危捏一把冷汗，但是她自己卻一點都不擔心。

從那些黝黑皮膚小孩們不斷呼喊她「Judy、Judy」或稱我們是 Judy 的爸爸、媽媽，所流露出純真笑語聲中，我感到欣慰的是，「孩子知道她人生想做的事，能全力去做，這就夠了。」給魚吃不如教孩子如何釣魚，而這一條釣竿要如何揮灑，完全取決在孩子的手上。

6 學生要學會做 Presentation

現在的宅男宅女越來越多了。關著門只能和電腦溝通。其他的人際關係，說話溝通方式，將心比心為人著想的心，幾乎完全不懂。所以在課堂上我經常鼓勵學生說：「人生成功與失敗與否，只在一線觀念上。經濟條件不好的人，更不需要氣餒，當研究生惟有靠自己，好好做研究，這些成果它會一生隨著你累積人生事業上的資歷。很多人總認為學理工科，只要把學問弄好，就能出類拔萃了，事實上不然，如何運用有效的人際溝通是一門大學問，更需要學習的。」

尤其讀土木工程系的學生，畢業後多半到工程顧問公司工作，這份工作是幫老闆賺錢的。沒有良好的溝通技巧、表達能力，和活絡的人際關係，要在競爭激烈的環境下，幫公司拿到龐大的工程案子，是很困難的。我的學生畢業前一定要學會做 Presentation ，所以我開一門逼學生做 Presentation 的課。

何謂做 Presentation？就是上臺發言陳述你的理念、計畫、研究或實驗結果。大學裏少不了這個作業，至少可以鍛鍊面對一堆人時的演講能力，出社會後有規模的公司開會研討介紹，幾乎都是以這種模式操作。做 Presentation，除了事前對話題充分準備，注意臨場應對態度和肢體語言的表達等等，也要把握一些做 Presentation 時可以參考運用的流程方式，如開場的簡介、說明、重點提示、補充說明、提問等等。

所以我的這門課，就是逼學生做 Presentation。希望學生畢業後，每一個人都能上台侃侃而談，也會寫出漂亮的企劃報告書。而且還能推銷自己，將所知道的部分融匯貫通，並清楚表達出來。知識是可以很容易學會的，但是要如何轉化表達出一種信賴度，讓人相信此計畫得以執行或能被接受。這套 Presentation 學問就非常重要了。只要是我的學生，畢業前一定要學會這套方法，這是我所堅持的。

我的一位在台灣學界極有成就的學生廖述良教授，目前執教於中央大學。一九八六年他在美國密蘇里大學拿到環境工程學系的博士學位，他主要研究在水及廢水處理系統自動監測、控制，及自動化永續環境管理理論、制度、評量指標，及決策支援系統和環境資訊管理與知識管理等方面，非常優異有心得。

我曾經告訴他，跟我做研究要花很多時間，但是我也會給學生很大的空間，不僅做學問，也教他們做人處事的態度，遇到問題如何解決？我通常不會說重話指責學生。廖述良現在自己當教授，他曾對我說：「當年跟老師作研究，雖然老師不給我壓力，但是我是自我要求高的人，可以悟出道理來。但對現在的學生而言，你不給他壓力，他無法開悟，若是能施以一些壓力，讓學生達到一個臨爆點，才能發揮學生的潛能。」所以當年他跟我做研究時，他問我：「老師，我已跟你三年了，我可以畢業了嗎？」我回稱：「你覺得你現在可以畢業了嗎？」當場他默然無語。

我總認為要讓學生多磨練，作研究就是需要這種鍥而不捨精神，尤其是做系統分析，沒有別的方法，磨出專注的耐性，當學生發現「系統分析有如魔法棒，可以點石成金」一切的辛苦都值得了。

7 國建會榮耀的與會

我是一個幸運而且知足常樂的人。長年旅居海外，對於台灣我有說不出來的感情，我的成長歲月、讀書時期都與台灣的腳步休戚與共。離開台灣多年，總希望有機會能為成長的地方貢獻所學，以報答國家的栽培之恩。就以我本身而言，出生寒微，如果不是公平的讀書考試競爭機會，怎能有改變自己命運的可能呢？

當我在國外學有所成時，能應邀參加國建盛會，我個人視為畢生極大的榮耀。我應邀參加過兩次國建會，第一次受邀在一九九一年（民國八十年）當年我四十三歲；第二次是在一九九五年（民國八十四年），也就是最後一次國建會。很幸運兩次都承蒙當任總統李登輝先生、陳水扁先生在總統府的接見。

十大建設扭轉台灣命運

中華民國在一九七一年（民國六十年）退出聯合國，這一年正是蔣經國先生主政之時，台灣正面臨險峻的風雨飄搖時代，對內不僅有黨外人士集會遊行示威，對外還有邦交國陸續斷交雙重壓力。政府為了因應環境的險惡突變，有關單位必須用非常措施來應付

2004年第十七屆近代工程研討會後與前行政院長蕭萬長先生合影。

這種山雨欲來的緊張局勢。於是在海外學人的建言下，政府決定每年暑假在台北定期召開「國家建設研討會」，簡稱為「國建會」。

這項會議從一九七二年開始，一直到一九九五年為止，每年七、八月暑假期間召開。來自海外各地的歸國學人冠蓋雲集，他們針對各項國家問題提供建言，並做出結論訂為政策，讓政府能夠確實去施行。如在一九六〇—一九七〇年代，國建會發起人美南國建會創辦人提出建言，促成政府設立國科會，建立各個部門，最後成立工研院科學園區。一九七〇—二〇〇〇年代，培育台灣博士、碩士留學生數十人，學成歸國後，任教國內大學院校及工業界，為國家作育英才，這些都是國建會前瞻性的貢獻。

國建會之所以能發揮當時的效果，我認為一來是當時主政的蔣經國院長能夠大力支持，及各部會的充分合作；二來與會受邀者多半都是來自海外的學者專家，他們都能在各自的領域中發揮所長向政府提出適當建言。針對當時正在進行的十大建設和經貿改革，他們無形中也扮演著一個「顧問團隊」角色，所以每次國建會都能有極佳的成效。

國建會一共舉辦了十八次，持續廿三年之久。這項為國家進言，凝聚建設台灣共識，促進台灣未來發展的創舉，在中華民國建國史上堪稱壯舉。台灣之所以能享有「亞洲四小龍」之譽，及「台灣錢淹腳目」俗稱，我相信「國建會」居功厥偉。

環保與核能的兩難

有一次參加近代工程研究會，在會上談到新的能源——核能問題。以美國為例，幾十年來幾乎沒有再擴建核能電廠的紀錄。過去的水力發電，雖然汙染源少，但是破壞大自然生態；火力發電，需要石油燃煤，這些都會增加汙染源，破壞環境。

環顧世界上擁有核能電廠的國家，以法國為例，該國的核能比例，算是較高的國家；德國則是第一個站出來反對核能的國家，太陽能發電在德國的運用是非常成功的，德國政府以提高油價，獎勵太陽能綠色能源的使用戶，都有很好的成效。美國的油價太過便宜，雖然綠色能源有逐漸發展趨勢，但是按照它成長的速度來看還是太慢。大陸在綠能發展上，有漸進重視的趨勢，但是還談不上對廣大的中國大陸能有多大的影響力。

提起環保與核能問題，總是相互矛盾，無法兩全。但是從環保問題大方向來談，它絕對和國家政策有關，都是需要有長遠的規畫。核能是一種低風險高報酬且二氧化碳低排放的能源，但是一場如日本福島海嘯核災一旦發生，不僅人員傷亡，土地、食物、人類生存的空間都面臨著浩劫性的大破壞，這損失幾乎是無法估計的。美國核廢目前仍然是以儲存方式處理，而台灣核能存放問題一直很棘手，掩埋已不是最理想的方式了。

其實我個人認為與其在是否需要建核或廢核不停的爭論上，不如將重點放在「我們需要這麼多用電？」的思考方向上，人人能夠養成「用電減量、節能省電」基本觀念及確實遵守的執行力；同時整個社會還要建構出一套「為下一代預留空間」的遠見。

畢竟能源資源是永續資源，不是這一代拚命耗盡就可以的，它需要細水長流，代代傳承接續。

8 「媽寶」多不利人才出脫

美國在高等教育研究上，仍然是領先全球的。台灣現在「媽寶」孩子越來越多，他們講求生活舒適，不能吃苦耐勞，所以來美國讀書的留學生越來越少。

在民國六〇年代，很多大學畢業生都有一個美夢，「來來來，來台大；去去去，去美國」當時的教育政策也是鼓勵學生出國深造的。我們這群苦哈哈的留學生，拚命考托福拿獎學金出國念書，由於父母給的資源有限，因此在國外求學完全沒有退路，必須背水一戰全力以赴，所以拼命讀書做研究。目前反而是大陸留學生越來越多，他們就像當年我們的留學生一樣，只有讀書拿到學位，才能改變人生。今天台灣很多學生不能吃苦，這對台灣的人才訓練培養，是很有影響的。

中國從庚子賠款，送留學生出國開拓視野，帶動了新思維、新作風，發展船堅炮利政策，改變了中國人的命運，讓中國人不再受列強欺凌。

過去台灣職業學校、專科學校辦的非常成功，培養不少專業技術人才，為國家儲備很多人才。但是現在人人卻只想擠進大學，以致所學非所用，這種現象就是一種資源浪費。隨著台灣留學生出國人數日漸減少，對未來台灣發展絕對是負面影響的。

我們從教育部二〇〇三年最新統計發現，不僅留美人數明顯減少，原本維持小幅成長的英國、加拿大及澳洲，也都罕見地全部出現跌幅。台灣學生留學主要英語系國家的簽證人數，可說是「全軍覆沒」地出現一片慘跌，不僅單年跌幅創下歷年紀錄，幾乎各國跌幅都超過百分之二十，要留學國家的總簽證人數也出現劇跌，創下近十年最低紀錄。

根據主計處二〇〇四年公布，二〇〇三年台灣出國留學人數比二〇〇二年大減百分之二二．一。以美國為指標，上學年度（二〇〇三年九月到二〇〇四年七月間）台灣留美學生人數減少百分之三，只有二．八萬人，但是四小龍的香港、南韓、印度、大陸留學生人數都繼續成長。台灣留美學生人數不僅遞減，而留下來在美國長期發展的人數更是急速減少。

不但如此，台灣學生在託福考試的成績並不理想：二〇〇三年根據主辦托福的美國教育測驗服務社（ETS）最新統計，上年度（二〇〇三年九月到二〇〇四年七月間），台灣學生托福平均成績在亞洲排名倒數第六，不但輸給中國大陸、韓國，還輸給巴基斯坦、尼泊爾、越南等，全球排名倒數第十八。

根據教育部門統計，台灣留美學生人數遞減，而且攻讀博士學位者越來越少，連同托福報名人數驟減及分數低落，這些現象都顯示出台灣高等教育國際競爭力有逐漸下降趨勢。

人才需要國際視野

出國留學深造並不是件輕鬆容易的事情，但是選擇留學加強所受的教育，不但能開拓國際視野，而且對一個人一生的影響深遠，是非常值得個人的投資。

當年我們出國，電信不發達，與家人聯絡不方便，加上語言不通，文化的差異，和飲食生活上的不便，造成孤立無援的恐懼心情。但這是過渡期，只要渡過了，柳暗花明又一村。

我建議學生們去國外留學，是人生中非常不一樣的階段，不妨學習嘗試做一些原本不敢為的事，歷練自己的閱人膽識，或是勇敢表達自我；在這段時間裡，好好利用學生身分，真正用心去體驗留學國家文化特色，百姓的思維、飲食生活和當地各式美景，相信能豐富你生命彩度的；不時和來自不同國籍的國際學生的交往，體會出每個國家不同風俗民情與文化特色、宗教信仰，如印度、土耳其、美國、墨西哥、義大利等等。一個國家有太多的「媽寶」年輕人是人才停滯的主因之一，如何解決此問題，值得大家一塊來思考。

9　水與生活品質

水是所有生命物種不可或缺的東西。有些生命體，像是厭氧菌可以存活在無空氣（氧）狀態下，但沒有水卻不能存活。或許這就是NASA在火星上要尋找是否有水存在，以證明火星上是否有生命。水無味無臭，亦無具體形狀，它卻擁有一種驚人的特質，可以支撐任何生命。譬如說，4℃的水有最高的密度，讓魚可以在冬天裡生存，即使水面上覆蓋了厚厚的冰層。高比熱的特性，使得海洋的水幫助維持地球表面的溫度，並且保護生物不受劇烈的熱波動。就像人體中約有百分之六十五至七十是水，我們每天喝進大約二・三公升的水，其中〇・八公升轉變為汗水和呼吸，其餘的一・五公升以尿液或糞便的形式排出體外。如果我們喪失了體內百分之十二的水分的話，我們便會死亡（Swanson, 2001）。因為水是一種有效的溶劑，身體的循環必須靠水將營養份帶給各器官和組織，並且幫助釋放毒素。

甚至在中國古老文學中，水的重要性也是顯而易見。例如：易經中提到，水滋養大地萬物（潤萬物者莫潤乎水）；而且在某些狀況下，人類可以說是等同於水（管子・水地篇：人，水也。男女精氣合，而水流行）（李復興，二〇〇七）。我們從曹雪芹所著的古典文學小說《紅樓夢》中，說女人是由水做的，這是作者從詩情畫意與浪漫的角度來說明水的重要性，但是絲毫不改變水是人類不可缺少的事實。許多中文字詞也透露出水在我們生活中的重要性。像是「海」這個字，在本質上就意味著水是人類的母親；而「飲食」這個名詞是將「喝」排在「吃」的前面，這表示在我們的生活中喝比吃更重要。（李復興，二〇〇七）

地球上有三分之二的面積被水覆蓋，大部分是帶有鹽分的海水，因而可以被人類取用的水是有限的。事實上，只有百分之三的水是新鮮的水；而其中百分之七十五的新鮮水是來自於雪、冰、冰川，因此人類是很難取得的（Gordon, 2005）。誠如我們所見，可飲用水的數量有限（大約只有百分之一），存在於表面或是地下的水，是提供人類生活所需非常珍貴的資源。

除了支撐我們生命所需的功能之外，我們需要水來維持健康的生活條件及降低疾病發生。根據世界健康組織說明（UN, 2003），每個人每一天最低限度需要兩百公升的自來水，以降低健康風險。在美國，超過百分之九十六的城鎮家庭擁有自來水，而供水系統的典型設計容量是每個人每天大約四百公升。另一方面，在低開發國家中的城鎮家庭，其擁有自來水的比例是比較低的，非洲是百分之四十，而亞洲和拉丁美洲是百分之七十八。

水能載舟也能覆舟

水，尤其是好品質的水，不僅僅是對我們生存和健康很重要，也是一項豐富的資源讓我們可以享受。若是少了水（海洋、河流、湖泊）或水動態（雨、雪、瀑布），生活將變得平淡且枯燥。譬如說：若是沒有水，蘇軾無法形容出以下如此美麗的景致：「明月如霜，好風如水，清景無限。曲港跳魚，園荷瀉露，寂寞無人見。」（蘇軾，永遇樂）

然而，若是水被污染了，而且發出惡臭，你能想像那偉大的作家一邊捏著鼻子，還能一邊寫出如此詩意的作品嗎？

不幸的是，人類排放污染物至水裡導致廢水產生。有三種主要的廢水：由都市排放的廢水、各式工廠排放的工業廢水以及其他農業使用的農業廢水。若是沒有正確的處理，這些帶有病原體、重金屬、農藥或其他有毒污染物的廢水，就會污染我們可貴的水資源，散佈傳染病，而且毒害我們的身體。

最近在中國哈爾濱發生的一個事件突顯出這些憂慮。在二〇〇五年十一月十三日，吉林省的吉林石化工業（JPC）將大約一百噸的苯／硝基苯排放進松花江。由於松花江供給哈爾濱市的生活用水，為此，哈爾濱市以保養水管為由宣布停水四天，卻沒有直接提及JPC所造成的意外。市政官員後來承認，停水四天背後的真正原因，是對JPC化學工廠爆炸後水污染的恐懼。除了三千八百萬人遭受無水供應之苦外，也造成吉林省與黑龍江省彼此間的緊張，而且中國與俄國的外交關係也會受到影響。此外，魚死亡且對環境長期的影響，亦是無法評估的。

長江，亞洲最長的一條河流，百年來中國人受其深深的吸引。因為三峽大壩工程，現在它甚至更有名了。即使它是世界上最大的水電大壩，對於環境和生態的影響也是巨大的。以下兩段摘要說明了，我們都渴望飲用長江乾淨的水，更重要的是，我們想要分享這水，因為它是我們的祖國、我們的文化、我們的傳統，甚至也許是我們最初的愛。

「我住長江頭，君住長江尾；日日思君不見君，共飲長江水。」（李子儀・卜算子）

「給我一瓢長江水啊長江水，那酒一樣的長江水，那醉酒的滋味是鄉愁的滋味，給我一瓢長江水啊長江水。」（余光中・鄉愁四韻《白玉苦瓜》）

不幸的是，長江已經被沿岸的城市和工廠的廢物給污染了。沿岸的城市每一年排放約一百四十億的污染物，遠遠超過整個中國的三分之一。根據中科院，二〇〇七年的一份報告指出，長江污染的情況不斷惡化。這份報各指出，六百公里長的河流正處于危急的狀態，而且它百分之三十主要的支流都遭受嚴重的污染，這些支流是提供沿岸重要城市的主要供水來源。

事實上，無論你住在哪裡，大部分提供給我們飲用的水來源，或多或少都被污染了。它或許包含了重金屬（例如：砷、及銅）、有機污染物（例如：農藥、除草劑、及苯）、微生物污染（例如：細菌、病毒、及原生動物）、以及廢棄物。為此，污水處理是必須的，如此一來才能提供我們安全的生活用水。一個典型的給水處理系統包含混凝和絮凝的過程、沈澱、過濾和消毒。基本上會加入明礬，讓水中微小的顆粒形成較大的絮凝體，如此使它們可以穩定的待在沈澱槽底。然後，上層乾淨的部分會直接流到快濾池，以清除沈澱槽中任何不安定的顆粒。消毒的過程（通常是氯）是用來殺死那些從過濾過程中逃跑的病原體，並且確保安全，以防在配送系統中再次污染。

在台灣，或許有些人還記得我們小時候也曾做過類似的事情。我們從井裡打水上來，放入一個大的容器中，然後在水中放入明礬，經攪拌後，靜置一段時間即可使用。另外有些人使用內含砂與木炭的過濾器來過濾水。過濾器中的砂是用來除去水中的懸浮物；而木炭可以吸附臭味，還可以再一次過濾沒有被砂層過濾到的污染物。目前很多家庭使用各種品牌濾水器來過濾自來水。大部分的濾水器使用活性炭來吸附污染物。活性炭（又稱為活性木炭）使用與木炭相同的機制去除污染物；只不過，活性炭有較大的表面積，因此效果比較好。近期一位中國學者張曉風，在《玉想》一書中，針對混凝／絮凝的過程，提出了一段有趣的描述：「如明礬入井，遂令濁物沈澱，水質復歸澄瑩。」事實上，他想表達的是，在尷尬與為難的情況中，一個人可以幫助其他人振奮精神是多麼仁慈與真誠的。

這張照片是松花江。發生在2005年11月的JPC意外事件，導致供水停止、魚死亡，並且造成各省與各國間的緊張關係。（哈爾濱，中國，2007年6月）

珍貴水資源要愛惜

在美國，除了偏遠地區人家使用地下水外，幾乎所有的飲用水都是公共給水處理廠提供的。而給水處理必須通過主要（primary）飲用水標準，這標準是根據安全飲用水法案，由美國環境保護機構所訂定的。因此，由市政供水系統所供應的水，大體上是可安全飲用的。然而，有些人仍會另外使用過濾器過濾自來水，或是比較喜歡喝瓶裝水，因為他們不喜歡自來水的味道和顏色。根據美國自然資源保護協會（NRDC）公開的四年科學研究表示，與大部分的自來水比起來，在美國販售的瓶裝水並不一定比較乾淨、比較安全。事實上，根據政府與產業的估計，約有四分之一的瓶裝水其實是裝自來水。此外，瓶裝水比自來水貴得多，因為必須花精力去運送瓶裝水，而且使用後的瓶子也會造成環境問題。

總結來說，水是必須而且珍貴的資源，以維護我們的生命與生活環境。同時它也是一種令人著迷的元素，豐富我們的生活。既然我們無法離水生存，我們就有責任節約水及保護水資源免受污染。這裡有一些簡單的步驟，幫助你達到省水的目的。使用低流量馬桶（每次沖水一・六加侖）、低流量淋浴花灑（每分鐘二・五加侖）、以及低流量水龍頭（每分鐘一・五加侖），與常規裝置比起來可以省下超過百分之五十的水。檢查並且修復水龍頭、水管和馬桶之漏水處，每一年可以省下上千加侖的水。另外，有一些好的習慣，像是：刮鬍子、刷牙或使用肥皂的同時，將水關上；利用冰箱代替自來水來解凍食物，這

在一些低度開發國家中，自來水是有限的。照片中一個家庭裡的三個小孩，從雨水儲存槽裡提水給他們的母親，以用來煮飯、飲用和清洗。（Toffo, Benin, 非洲, 2006年6月）

獨特的漂浮社區就是在水面上生活的意思。他們以船為交通工具，並且販賣從湖裡抓到的魚為生。他們傾倒所有他們使用過的廢水到湖裡，如今得靠抽取地下水來煮飯和飲用。（Ganvie, Benin, 非洲, 2006年6月）

些習慣都可以省下非常可觀的水。在戶外，種植當地或其他耐旱植物，可以顯著地降低水的使用。利用桶子可以儲存雨水，用來澆花。利用滴露式灌溉草坪或植物，代替常規使用的灑水器，亦可避免蒸發，而且省水。

說到草坪，就讓我分享所觀察到的，美國人（包括我們）是如何迷戀綠意盎然的草坪一事，來做結束。我們使用肥料和水讓草長得又綠又快；我們使用除草劑以確保不會有雜草來與我們的草競爭；我們鬆土，讓草的根部可以呼吸，也使新的種子得以發芽；一旦草長得健康、翠綠又高聳時，我們使用割草機為它剪個頭髮；然後，我們將修剪下來的草裝袋，送去垃圾掩埋場。我們每一、二個星期就要重複做這些事，不然的話，鄰居就會開始抱怨。在這樣的過程中，我們浪費了金錢、水以及精力，增加了污染到我們可貴的水中，而且還消耗了珍貴的垃圾掩埋場空間。最令人傷心的是，我們甚至無法將這些草放到我們的餐桌上，大快朵頤一番。（黃純美譯）

本文乃張守玉（北卡羅萊納州農工州立大學 DOE Samuel Massie 講座教授）于二〇〇七年以英文發表於美東南中華學人協會（CAPASUS），在喬志亞州亞特蘭大所舉辦的年會上。

參考文獻：

Gordon, A. L., The Climate System: Ocean Stratification, Columbia University Earth' s Environmental System, 2005.

Swanson P., Water: The Drop of Life, Northward Press, Minnetonka, Minnesota, 2001.

United Nations, Water for People, Water for Life, The United Nations World Water Development Report, Paris, UNESCO Publishing, 2003.

李復興：水是要還是毒，China Market Press, Beijing, China, 2007.

中科院，長江保護與發展報告，2007.

第六章　殤逝

與你同行抗癌路

1 只要有希望就堅持

「花開了，不用得意，因它將凋落；花落了，不用悲傷，喜它有果可期。」這句話我不知咀嚼了多久。曾經幾番面對過多少無奈的困境，看盡身邊親朋好友的消逝故去。然而要面對可能失去摯愛枕邊人事實時，那種難以言喻無法招架的虛空苦，多年後，每當午夜夢迴時，都依然噓唏難自已。

二〇一一年六月卅日永遠難忘的一天。這是一個初夏的日子，天空一片蔚藍，流動的雲躲在窗外幸福的飄移著。然而此時，當醫生看完妻子腦部 CT Scan 檢驗結果告訴我們，「腦部長了幾顆大小不一的腫瘤，必須住院做進一步檢查。」我和妻子的心情頓然忐忑不安。

妻子面對當下醫生的宣判很坦然，倒是我有點驚慌，眼眶馬上紅了起來。原本初夏襖熱的氣溫，此時在我感來有如寒冬般冰冷。我們立刻商量接下來要如何對應這突如其來的變故。我一直很相信妻子是位勇敢的人，也知道她有勇氣面對這病痛結果，她不慌不忙地牽起我的手拍了一下說：「放心，只要有一線希望，我都會堅持下去的。」

因為妻子必須立刻辦理住院手續，以便做進一步的確定檢查，醫生不准我開車直接送妻子去醫院住院，必須叫救護車到院。妻子反倒很鎮靜地吩咐我說：「你先開車回去，幫我帶一些換洗衣物，及一點可以吃的東西來吧。」

當晚妻子給女兒們分別打了電話，她平淡無事的安慰女兒們：「不要太擔心，爸媽會好好照顧自己的。」

病魔早等待多時

在妻子病發的前一年底，就已經出現一些跡象了。只是她向來有「健康寶寶」之稱，平時忙碌工作之餘，非常注重保養，每天勤走路，吃養生食物，及護肝的保健品，因為我岳父罹患肝癌過世，所以她很注意肝的保健問題。

初時，她開始有食不知味的感覺，經常覺得口苦、胃口不佳，體重驟減，慢慢地走路出現不平穩現象，必須靠牆停一下或由人扶一把。針對這些毛病，去醫院做過多次檢查，但都沒有發現問題，醫生總是說，耳朵不平衡，沒有甚麼問題，因此我也不太在意。

為此，她趁參加同學會之便，特別回台灣一趟，經人介紹去看兩位有名的中醫師，一位說全身都是毛病；另一位說身體還不錯，沒有任何毛病。但是走路總是不平衡的毛病仍然存在，在內弟的建議推薦下，到三軍總醫院去照腦部 LTS 斷層掃瞄。照出來結果，醫師說：「無礙，腦部沒有發現任何大小腦瘤生長現象。」

但是妻子在台期間，除了去看中醫做身體檢查外，我母親生病，她又去醫院照顧，最後母親過世，又忙著喪事，把她給累壞了。在參加同學會時，同學們已看出她身體有異，但也不敢多問。

回到美國，她不平穩的情況沒有改善，反而更嚴重。經她在洛杉磯好友介紹再飛去洛杉磯看中醫，那天我送她上飛機，看見她孤獨蹣跚的步履，消失在登機口，我的心好痛，心想，「天啊！我的妻子真的生病了嗎？」

事實上，邪惡的病魔早已虎視眈眈等在那，伺機而發了。

只剩六個月生命

對於妻子近半年來走路不平衡的現象，我們幾乎未考慮過可能是腦部出了問題，也沒有做這方面的檢查。六月份第一次看家庭醫師，她並未叫妻子照腦部斷層掃瞄。等到六月二十九日第二次再去看醫師時，她決定要我們去照腦部掃瞄。

妻子曾經去三軍總醫院照過腦部掃瞄，沒有看出任何端倪來。原本美國醫生表示既然在台灣照過了，直接將片子送過來看就可以，但三軍總醫院希望是本人來拿，我們也只好作罷。在美國重新再做一次腦部、肺部的掃瞄，沒想到竟然是肺癌末期，已轉移到腦部，大小多個腫瘤壓迫，導致她走路不平衡。對我們而言真是非常意外，萬萬沒想到。當時妻子在台灣三軍總醫院照腦部掃瞄，竟然沒有發現腦部的腫瘤，實在令人匪夷所思。

一時難以接受「這不應該有的失誤！」妻子倒是很認命地安慰我，不要責怪任何人。我也在一轉念間明白了很多事，天注定的永遠是人無法想像到的，「也許照顧她是上天給我的一份禮物吧。」就因為妻子在台灣沒有發現腦部病變，所以我們可以毫無顧慮的搭機回美國，繼續找醫師檢查治療；我常想萬一在台灣發現罹病，我們是不是又多了許多考慮呢？此時要用更寬闊的角度來思考問題，畢竟已發生了，如何彌補才是最重要，其他的怨天尤人，我想都於事無補無法改變。

其實妻子在未檢查之前，她經常會說：「每到晚上腦袋總感覺腫脹有些壓力。」那時肺癌已經轉移到腦部了，為了證實腦瘤是經肺癌轉移，而做穿刺檢查，發現肺部有陰影，屬於癌變現象。這情形從X光片子上可看出肺癌本身並不大，它停留在原點，沒有擴大。癌症產生的原因，一般來說，除了生活、飲食、心情、壓力等等影響外，與基因還是有關係的，岳父母都是癌症過世，妻子罹患癌症多少都受基因的影響。

我真的很不捨呀

妻子在醫院住了一個星期後出院，這時已確知她的病情。我跟醫生商量要進行哪方面的療程。醫生表示，先做腦部的放射性治療，然後再看如何安排化療。並告知「像妻子這樣的情形，大概還有六個月的時間。」我頓時淚崩不止。

那位經常拿著熨斗，蹲在地板上，將我雪白色襯衫來回熨燙平整挺直的妻子身影立刻浮現眼前。雖然我多次不忍她繁瑣費工先將領口袖口搓洗乾淨，再烘洗熨燙襯衫方式，希望她不要這麼費心，衣服送洗或再買新的即可。但她固執回稱：「我爸爸的衣服也都是媽媽這樣打理的，男人出外就是要整齊乾淨。」

這位事事講求完美，做事有條不紊，幫我燙了一輩子衣服的心愛妻子，只能再活六個月，「為什麼是我的妻子生病呢？為什麼她要永離我而去呢？天哪！有誰能告訴我為什麼呢？我真的不捨呀。」上帝似乎把門關上了，聽不見我悲悽的號啕聲。

2 攜手走過幽谷路

有人說：「心隨境轉是凡夫；境隨心轉是聖賢。」因為我們的心經常受環境所役，無法自主。只要環境改變是苦澀的，自然心就跟著痛苦；當環境是美好充滿希望時，我們的心就會快樂無比，這是普通凡人之心。可是若能時時將一顆心安住在「境隨心轉」中，一旦面對生死攸關重大抉擇時，我們的心就不會受環境改變，產生惶恐憂懼，失去自我。為了希望與妻子一塊走過生命幽谷，首先我不斷地給她「境隨心轉是聖賢」的觀念，讓她將一顆惶惶不安的心，先安定下來。

幸好平時我們生活中，有三對夫妻好友，都居住在北卡，大家都是談得來的朋友，六個人經常聚會聊天，並以網路連線，聆聽圓覺宗崇智上師講解金剛經。大家在上師的講經說法中，得到相當多的智慧。妻子經常參加圓覺修行活動，她的悟性很高，經我的分析帶領下，很快地就能以淡然的態度面對病魔的入侵。在她罹癌做各種痛苦治療當中，我沒有看見她掉過一滴眼淚，她也不像有些人，一聽到罹癌驚恐大叫或埋怨老天無德，她總是默默地接受上天給她這份「無情」的禮物。我曾對她說：「讓我們一塊攜手共行，走過這段生命幽谷路吧，不管前面的道路是多麼荊棘難行，我一定牽著你的手，與你同行。」她慨然點點頭。我深深體會出「抗癌需要有非凡的勇氣與毅力的。」

妻子住院一個星期，這期間她行動自如，食慾很好，心情又開朗，對生病一事以積極樂觀的信念面對。只有一點點小遺憾，醫生為了增強體力提振精神，給她吃一種名為固體松的藥（有些棒球員賽前會偷吃，看起來壯而有力。）她吃了以後，人顯得稍稍虛胖了點。她笑稱：「糟糕，又得減肥了，否則許多衣服都會穿不下。」

整個放射療程是每天做一次，一星期除了週六日不做外，要做五次，兩周就必須做十次治療。居住的北卡綠堡沒有較大規模的醫院，我們要求能到規模較大的醫院去，並尋求另一位醫生的意見（secend opinion），好做治療的判斷準備。

結果在UNC Chapel Hill找到一個新成立的癌症中心，先讓一位癌症醫師做放射性療程後再去做臨床試驗（Clinical trial），之後再考慮回到住家附近的醫院治療。

前幾次的放射治療還算是順利，妻子的感覺並沒有任何的不適。一個星期後，頭髮開始掉落，剛開始是一束束的，後來則是一抓一大把，最後妻子索性要我幫她把頭髮全部剃光。我一邊剃，一邊安慰她：「別擔心，你剃光了頭，下次長回來時，會更整齊漂亮的。」可惜她那一頭烏溜溜長髮長回來的願望，直到她離去，都不曾達其所願。

七月過完美國國慶，就是我和她結婚三十六周年慶，她做完放射治療，正是她的生日，好友希望能讓她開心而幫她慶生，「七月十二日雖然不是她真正的生日（因為她一般過陰曆生日），但是能幫她多過一個生日就算一個吧。」我和她的好友們都這麼想著。她那個時候身體狀況還不錯。只是人清瘦了點，頭髮微萌長出一些些，人還下床走走路，精神看起來還不錯。她很開心，可以和老朋友一塊聚會，只是我內心淌著血淚問道：「這會是她此生最後一次和朋友的聚會嗎？」

腰痛最大的致命傷

腦瘤做完放射性治療後，準備進行化療。但是有一天，她在家裡用吸塵器吸地板時，不慎把腰扭傷了，竟然完全無法站立或久坐。其實這時癌細胞已經蔓延到脊椎，對醫生來說這是相當棘手的病情；對病人而言，不能站立，影響身體各個器官的運作，生活品質自然受影響立刻變差。幾位醫生會商建議：「其他的化療暫緩，先做脊椎部分的放射性治療。」

為了照顧妻子的起居作息，原本我們就從樓上移居到樓下。她無法站立時，就只能用爬行的，非常痛苦。她無法上下床，我們只好睡在樓下地毯上。上廁所最不方便，她必須爬行入廁。

去醫院做放射治療也是一件折磨人的事，妻子無法坐，只能將後座椅子拿開，在上面鋪上一些睡袋軟墊，讓她直接躺在車上，人會比較舒服些。

帶她去醫院看病，初時她還可以用扶步機走路，但是後來脊椎的毛病越來越嚴重，她根本無法走路。每次我開車送她去看病，從家裡上車，她必須先爬出大門前台階，再靠扶步機走到車後，爬上後座躺下；到醫院就診，她要先爬出車後座，坐上輪椅，我推她進醫院診療室，有時必須等候一點時間，她的腰就痛到受不了，回程又得折磨一次。有時看她蹣跚的背影，我真恨不得對老天說：「讓我代她受這樣的罪吧。」

坐站都難的遺憾

雖然她那時不能站立，比較辛苦，為了做放射治療，她必須吃固體松，提振精神，以便進行治療。也因為她經常吃，所以精神體力都還很好。

我們每天早上六點起床，我為她準備好雞湯、魚湯、健康食品，再配吃一些能提味爽口的梅子汁。為了避免便秘，我會為她準備一個白煮蛋及水果。午晚餐給她燉煮一鍋雞湯或魚湯，湯水營養夠，病人容易入口下嚥，再配些麵飯類。她胃口不錯。晚上幫她洗澡按摩，大概十點鐘吃最後一次藥後，才去睡覺。

她每天必須吃好幾種不同的藥，有時我都會記不住，妻子用筆記本記下來。

為了讓她可以和朋友們聯繫，不會感到孤寂，接受大女兒的建議，為妻子買了一個IPAD，這樣她可以和家人親朋好友通訊息或聊聊天。

妻子照鈷六十抗癌，這方式同時也殺死了不少好的細胞，連同腰部好的細胞也受影響。在照鈷六十時（未照完前），還跟醫師商量如何做下一步的化療；妻子表弟在休士頓一家有名的癌症中心，我們曾經也希望去休士頓治療，但是路途遙遠；於是跟主治醫師商討到北卡 UNC Chapel Hill Hospital 癌症中心，做一種以妻子為實驗的新療法。這種新藥治癌化療法療程要三週，也以此配方請教過大女兒的公公，他是這方面的權威，最後決定做這種化療治療法。

做化療是將藥打入血管中，但是打太久或是太頻繁對血管都不好，新的方法是在胸上先植一個針孔，做化療時只要將藥直接放入就可以了。那年八月準備裝管做第一次化療。當我們去 UNC Chapel Hill Hospital 看她的醫生準備做化療時，醫師評估她的身體太弱了，無法承擔化療時的傷害，吩咐我要讓她緊急住院，先解決她一直腰痛的問題。這一住院又是兩個多星期，但是妻子腰痛的問題依然如故，沒有解決。

住院中，妻子整天躺著，無法坐起來，放射治療及其他檢查照樣做，護士三不五時來關心，一下子量體溫，一下子又量血壓，還經常來問藥吃了沒？不但無法休養，精神上反而更累，又吃一些含嗎啡的止痛藥，人吃多了整天昏沉沉，毫無生氣；吃的藥量不夠，腰又痛得哇哇叫，讓我真心煩。我多希望她能有機會坐一坐，或是站一下，不再為腰痛所苦，但都是一種奢求啊！

3 請不要放棄承諾

為了幫妻子解決腰痛的程度，另外有一組醫療團隊每隔一段時間就會來檢查她放療的情形。打這種減輕腰部疼痛的嗎啡，是在背部植入一個口、直接將麻藥打進去；但是醫師評估這效果並不好，仍然打化療及注射嗎啡，來減輕她的腰痛。

妻子受盡折磨、痛苦，但是她還很堅強。不過在醫院吃太多止痛藥、打過多嗎啡，人經常是昏迷、神智不清的。雖然這樣會不痛，但是總希望她能清醒，然而打得少又會痛。

有一次她忽然痛苦的表示：「我好累，我不要再吃藥了，吃了這麼多藥也沒有效，我不會好的，你讓我走了吧，反正我遲早都會走的。」

「我們不是講好的嘛？只要有一線希望，我們都要堅持奮戰下去的。我會陪在你身邊的。不能放棄，否則前面的努力都白搭了。」

「病好不了，又拖累這麼多人，我好痛苦呀。」她幽幽的說著。

「你寬心養好身體，能陪伴你照顧你，是我們的福氣，怎麼說是拖累呢？」

妻子一度想放棄治療，在我說盡好話中，她體會出我們渴望和她一塊共度佳節或家庭聚會的心情，只好同意不放棄化療。

八月底她妹妹我的小姨子遠從台灣來幫忙，減輕我沈重的負荷。我們兩人輪流照顧妻子。我是家中、學校、醫院三頭跑。剛住院，希望能減輕疼痛、繼續做化療，並吃一種標靶治療的藥，藥效比較輕，沒有太多的副作用。

標靶化療是無效的

住院多時，病情又苦無進展，況且在醫院總沒有住在家裡的自在與舒服。於是決定出院回家靜養。向醫師要求租了一張病床，買了一個活動馬桶，及一些必備的藥和一個月的標靶化療藥丸。在小姨子的攙扶下，我們回到久別的家中。

回到家裡，妻子的身體更加孱弱，連爬行上廁所的力氣都沒有，她又不喜歡用尿布，只好在床邊放個活動馬桶。回到家中，小姨子幫忙料理三餐，她還特別為妻子帶來乾海蔘（聽說很有營養），每天燒雞湯加海蔘為妻子進補。我則負責和醫生聯絡，買藥拿藥等繁瑣的工作。由於多了個幫手，讓每一個人都鬆一口氣。

醫生在我們出院回家，接受標靶化療期間建議，「請一位專門護士，每天來你家一次，可以掌握到你夫人的病情。」另外找一個人來做復健，幫她活動筋骨，避免肌肉萎縮；至於幫妻子擦洗按摩的事就由我和小姨子分擔。

平時我都睡在妻子床尾地毯上，一擡頭就能看到妻子的動靜。她要喝水或服藥如厠，我都能很快地起身幫她忙。有時我一個人無法將她抱起來，硬撐的方式讓她皮肉受傷，痛到她哇哇大叫：「你這個人真是笨手笨腳的。」為了怕有時無法聽到妻子的呼喚聲，我還特地在她床頭邊上放一個小鈴鐺，她有需要搖搖鈴，我們的服務馬上到。

她吃的標靶化療藥，產生一些副作用，不但胃口其差無比，飯量漸減，吃不下，胃不舒服，舌頭長水泡潰爛疼痛，無法吞嚥；躺臥久了，又生褥瘡。身體孱弱有如風中殘燭，每次看見她嶙峋的身體，我都不忍而掉下眼淚來。因為她沒有對應基因，所以標靶治療對她而言是完全無效的。

小姨子來幫忙了一個月，就回台灣了，之後所有的事全由我一個人做，如廁大、小便都由我隨伺在側扶持著。

妻子很感謝小姨子的幫忙。她們姐妹情深，以前小姨子肝癌開刀回家靜養一個月，都是妻子返台照顧；而這次妻子生病，她特別來美國幫忙，看她悉心哄妻子多吃東西的情形，有如媽媽哄孩子般，輕聲細語，讓妻子吃得好開心。妻子在這段時間裡，雖然很痛苦，但是還能勉強進食，這點小姨子的哄功沒話說。

隨著她身體的逐漸衰弱，後來連她上廁所都變成一種沉重的折磨。醫生見她太痛苦了，建議不用做任何治療，先由安寧病房醫生評估，決定入住安寧病房。這裡唯一的要求是：家屬要簽字同意病人有危急時，不作急救。當我問她：「送你去安寧病房好嗎？」起初她是拒絕的，我永遠忘不了她哀傷的眼神：「一定要去嗎？進去大概出不來了。既然你們要我去，我就聽你的安排吧。」妻子似乎已明白可能不容易回家，也只有答應了。小姨子在妻子入住安寧病房前，就先回台灣了。

在我盡心伴她走過生命幽谷的日子中，我一直鼓勵妻子，只要有一線希望，就不要輕言放棄。我和妻子曾經努力過，不服輸地向死神挑戰，最後仍然得面對上天如此安排，我只能認命。然而唯一所求，希望讓妻子在生命的最後一天，能夠平靜無礙的走完。

「君問歸期未有期，巴山夜雨漲秋池。何當共翦西窗燭，卻話巴山夜雨時」何時我和妻子能同桌舉杯共飲呢？人人都有歸期，為什麼我的妻子卻沒有歸期？讓我留下一抹無限的惆悵。

4 向苦難說聲「謝謝」

「我這一生是沒有遺憾的。體貼的丈夫，乖巧的女兒，和聰明的孫子，我很滿足了。」當一連串的治療，擊敗了妻子對生命的鬥志時，她的心情是平淡的。她輕聲地向每一位來看她的親朋好友們致謝。她像一隻靜靜等待苦難羽化的彩蝶一般。不知是那一位有著生命歷練的人說過「生命的轉折是很奇妙的，人在苦難的泥濘中，才發現上天給我們的苦難其實是一分珍貴的禮物！」

妻子病重的季候，大約在秋天，滿山遍野的楓紅美麗奪目。安寧病房是一棟棟小平房，病房外有個花木扶疏、綠意盎然的小庭院，林間小鳥穿梭跳躍，對應著病房內雪白色的牆面，多少還有點生氣。但是此時我的心情是沮喪哀傷的，在妻子面前我強顏歡笑，一心要讓她放心，但多數時候，我都是偷偷躲在暗處流淚，「男兒有淚，不輕彈。」可是一想到妻子的際遇，那股牽絆令我無法釋懷。

妻子決定住進安寧病房，期間完全不用藥物治療，以她微弱身體的現況，她隨時都可能病危走人。事實上，她住進安寧病房到她故去，大約只有半個月。安寧病房並不是醫院，但是仍有醫師、護士及一些專職人員，他們主要的工作在幫助病人能夠安穩且有尊嚴地渡過人生最後的階段。所以住在這裡沒有任何醫療性治療和急救，但可以服用止痛藥及

妻子在病中，就是靠著這些當年大學死黨朋友的友誼支持的。

一些足以讓病人舒適的處理。

朋友都知道她的情況，紛紛來探望她，那時她心智仍然是清醒的。她大學時的七位摯友是她病中很大的支力，透過 IPAD 當年的七美給了妻子很多的安慰。當年她們每一個人都各自打了一隻有八個同心圓的戒指，代表著她們同心協力彼此相助。這次妻子生病，每一個人都用不同的方式，為她打氣加油。林豔秀提供中醫方面的諮詢；陳梅珠住洛杉磯帶著我的妻子尋訪名中醫；劉莉在休斯頓提供大量的新醫學資訊給妻子參考，還不斷來信打氣鼓勵；鮑世玨與我的妻子非常親密，她女兒肺腺癌生病時，妻子在家裡為她女兒念經一個月，最後孩子還是走了，妻子很傷心。這次妻子罹癌。好友更能體會生病當事人及照顧家屬們的艱辛痛苦，經常為妻子禱告加油；張雲卿經常跟妻子聊天，擔心她寂寞常常跟她通話打氣加油；在台灣的江素香，也很殷切打電話問候。讓她徜徉在友情的芬芳花園裡。

接近感恩節，我希望兩個女兒們都能儘早回來，和妻子過最後的一個節日。小女兒在十月十三日提前來陪妻子，大女兒一家則約在周末來。

無憾地道聲別離了

妻子去逝之前的幾天都是很清醒的，她可能已知大限不遠，所以條理分明的處理她的身後事。

當妻子的大哥由紐約來看她時，她請大哥幫她把 Sun Room 打掃乾淨，還將屋內一個大的舊電視機，和小女兒住公寓時用的大地毯，全部搬出去捐給需要的人。不僅如此，還囑咐她哥哥在回紐約時，將菜園中豐收的冬瓜、韓國黃金瓜、兩盒小番茄、一把韮菜、一些無花果，和我親手包的水餃，全部打包帶回去。

她私人的銀行存款儲蓄及投資帳戶，分別轉到女兒名下。有些其他的錢都捐出去。平時吸地板工作都是由妻子處理，為了我能立刻成為打掃熟手，所以她用心地教我，如何打掃房子及吸地板，如何清理吸塵器的過濾網。她說：「我該做的事都做了，也沒有什麼遺憾了。謝謝你陪我一程。」妻子擔心我不會照顧家，還教我洗衣機如何用、放洗衣粉的地方、洗衣葉要打開、門要開，讓風吹一下；烘乾機過濾器要弄乾淨。

她是夠堅強的人，生病期間，沒看見妻子掉下一滴眼淚。倒是我經常熱淚盈眶。一想到她說：「我多麼希望全家人能坐下來吃一頓飯。」這麼小小的願望，竟然都無法實現，我心好痛。

十月十三日小女兒提早一天回來陪妻子，當天晚上妻子就無法進食，呼吸忽然不暢快，妻子覺得很痛。她過去也有這樣痛的情形，只要打一針嗎啡睡覺，就會好一些了；但是這次完全不一樣，喉嚨嚥不下東西，她完全拒絕喝水，也不肯吃東西，無法安眠睡覺。此刻她可能有點痛，精神也顯得有點不安。我輕輕地幫她按摩，不斷的為她按摩手和臉，讓她舒適些。後來晚上十一點左右，好友翁玉美也來看她，並為她念經，念了一段時間，妻子才慢慢的睡著了，但是妻子的呼吸聲很大聲，呼呼的像在嘴裡梗著一個吞嚥不下的東西。

第二天，妻子的呼吸聲音仍然很大聲，我心裡很著急，只能和小女兒陪在她身旁，用手輕拍著她，像母親哄著孩子般，輕柔柔的：「睡吧，睡吧。」妻子的呼吸聲到中午吃過午餐後，嘎然而止，沒有聲音了，但是她的雙眼一直是緊閉。立刻找護士問：「她怎麼沒有聲音呢？」護士說：「她已經走了。」輕描淡寫一句話，當時只有我和小女兒在身邊。妻子因為在睡眠中，一時呼吸呼不上來，就這樣輕輕地走了。我把小女兒叫過來跟她說：「媽媽走了。」我和女兒緊握著她的手默默無語。第二天早上，大女兒、女婿與小孩也都趕到。

好友翁玉美因為要趕去加州修行，臨行前一晚還趕來為妻子唸經祝禱，也許她有預感妻子即將遠去天國吧。來加州弘法講經的梁師父託她帶來一條往生被，我將它蓋在妻子的骨灰罈上，希望她一路好走。

與妻同行伴她抗癌，也許我們鬥不過死神，失敗了，但我由衷感謝能有機會陪伴妻子走過這段苦痛的時光，一百〇五天這是我們朝夕相處最長的時間。妻子最擔心的是我，最放心不下的也是我。原本有妻子照顧的我一直對她說：「你放心，我沒有問題。」然而一想到蘇東坡悼亡妻的那首江城子：

「十年生死兩茫茫，不思量，自難忘。千里孤墳，無處話淒涼。縱使相逢應不識，塵滿面，鬢如霜。夜來幽夢忽還鄉。小軒窗，正梳妝。相顧無言，惟有淚千行。料得年年腸斷處，明月夜，短松岡。」

只是我知道少了她，長路更漫漫。

5 她是許多人的天使

翁玉美

我從紐澤西搬到北卡 Greesboro 來，這裡的中國人很少，韓國人很多。會認識龐靜，是有一次帶孩子到麥當勞吃午餐，忽然聽到鄰座有人以國語交談，非常驚喜，就上前自我介紹，而認識並結為好朋友。

後來在這裡買房子，安定下來，希望在這裡成長的孩子們能有受中文教育的機會，就找了幾位家長一起在圖書館，辦了個中文小學，由家長輪流教孩子們中文。

龐靜和張博士都是很安靜不講話的人，平時話不多。但是在中文班為孩子們上課時，從他們夫妻兩人間細微的互動中，可看出彼此間濃郁的情感愛意，是一對令人稱羨的夫妻，不像其他夫妻黏搭搭的關係。

龐靜是一位很正直的人，覺得應該做的事，她一定義不容辭。我有一對生意上往來的朋友讓我們夫妻生意上和身體健康上都付出極大的代價。龐靜聽了這件極不合理的事情，就跑去找他們理論。事後她來告訴我，我很感動她的仗義執言。

她是我值得信賴的朋友，美國公民在生前一定要寫遺囑，在寫遺囑時必須先立一個基金，將遺產委以基金時，必須有一個值得信賴的執行者，當時我毫不考慮地就將龐靜列為我遺產的執行者，並將她名字登記在冊，因為我很信賴她。

她是一位擁有「綠手指」的人，她很會種花種菜。有一次，我將出遠門出差，花園中的番茄已熟透了，就交給她種植，沒想到她竟然可以栽種成一大片。加拿大朋友給我一些香椿，我馬上交給龐靜栽種，我相信她有這種天份，可以將不好栽種的植物栽植得很好。不但如此，她的手也非常伶巧，她很會織毛衣，而且手織的花色相當別緻好看。兩個女兒的毛衣都是她花心思巧織的，連孫子的毛衣也多半出自她的巧手。她是愛乾淨又很會理家的人，她的家被她打理的井然有序一塵不染，連沙發地毯都摸不到半點灰塵。

她是一位做事很認真的人，只要是她份內的事，一定不假手他人，做到好為止。也是一位勇於反省的好媽媽，曾經我們一起研讀佛學經典，在分享的過程中，她提到對兒女的要求有時過於嚴格，於是在她的內省中改變了自己的觀念。對待朋友她擁有一種很特殊的特質，她是朋友們的一股安定力量。由於她心性的安定沈穩，只要朋友有事找她幫忙，她一定全力以赴。我們在北卡能跟台灣圓覺基金會的電腦直播連線，就是靠她花了很長的時間為我們建構起來的，到現在台灣、美國、加拿大可以全程連線相互討論，都是她細心規劃出來的。

此外，她適時善體人意的關懷，總讓人感到窩心。還記得那年我先生忽然過逝，過去我們幾家好友都是輪流聚會。為了減輕我面對失去親人的打擊，她提議每次聚會到我家來，一來陪陪我，二來親手煮了好多好吃的飯菜，讓我忘掉痛苦煩惱。這個聚會長達三個月之久，讓我好感動。

她跟張博士兩人都是不擅言詞表達的人，但卻是性情中人。病中我看見他們夫妻鰜鰈情深之愛。對於生死她是很怡然自處的，人的一生都必須面對生老病死，這些都是自然現象。有相的東西是無常的：只有心靈的真性才是有常的。她在安寧病房的最後一晚，是我和張博士一直陪伴在她左右的，我看她睡得很不安穩，就為她按摩，但總是短暫的安穩後，又不安起來：直到張博士輕聲撫摸著她的額頭和頭髮，她才安穩地沈睡下。她是在張博士的愛撫中安詳離去的。

她是一位物慾不高的人，她很滿足她的這一生。病中她大女兒帶著小孫子回來看她，當時她的腰已直不起來，無法行走。但是她希望我能邀約當年那群學中文的學生們，一起到我家跟她女兒孫子見面，並以 Skype 方式將大家的聚會直接現場轉播，讓她可以在家裡看得到，雖然她無法來我家聚會，但是有這麼多人為她祝福祈禱，那天她是非常開心的。

「萬法唯心照」人世間很多事務都和心有關。我們這群好友經年累月的聚會，都是在學習這股心法的力量，這是一門功夫，觀念確立了，實踐起來才能順手容易。

龐靜雖然走了，但是我深信她是篤定平靜安然的。她有如人間天使般，帶給我們無限的懷思與安慰。

6 師母身影永誌難忘

黃琬淇

第一次見到師母是在北卡 Greensboro 的機場，與我素未謀面的師母見到我，先是給了我一個親切的笑容，然後帶我走向她開來的車，那個當下對我而言非常珍貴，因為是我轉機再轉機逾二十四小時後，準備開始為期七個月的「流放」生涯的開始，初見面的師母真的給了我很大的安定感，讓我覺得一切都會沒問題的。

由機場複雜的交通（當時交流道正在拓寬，不時有施工改道號誌），可以看出師母對於開車的緊張，也因此，她親自來接我這件事，更是給了我最深的感動與感謝（因為老師大可以請研究生來接我）；在此之後、在我能夠獨力生活之前，舉凡存款、簽租約、辦理水、電、瓦斯等等，也都是師母開車帶著我南征北討、花了近兩個星期一一完成後，才偕同張老師將我這個旅外菜鳥家可能會需要的家用品（鍋碗瓢盆、烤麵包機、檯燈、書桌、毛巾）備齊、開車送到我的宿舍。

在留宿老師家的期間的所見所聞，是我能夠獨立在國外生活的重要基礎。師母總是把握機會帶著我逐一熟悉超市裡賣的食物、向我說明她比較喜歡的料理方法，還有購物時如何使用金融卡、折價券，以及辦理退貨方法等等；這些乍聽之下只是生活常識，但對於我而言卻是受用無窮的。回想起來，師母真的是細心又不吝指導的長者。老師家周圍，種著老師和師母悉心照料的各種水果、蔬菜，我第一次吃到新鮮的無花果，就是師母種的，師母對於小小事都感到異常驚奇的我，總是報以慈祥的微笑，讓我不至於尷尬或羞愧。

獨立生活之後，自然不如住在老師家，可以時時和師母見面，但周末老師和師母若有節目，都會邀約我參與。如第一次進入美國教會、第一次逛美國 Costco、第一次到葡萄酒莊摘葡萄試飲酒等等經驗，讓我在短短的訪美期間，盡可能窺探、了解美國文化，若非師母的熱情不藏私，我的訪美生活不可能有如此豐富而美好的回憶，讓我得以在收穫滿載的情況下，順利完成訪美行程。

回國後，除了在學術研究上與老師持續有 e-mail 連繫外，再次接到師母和老師的訊息，就是老師和師母的千金要回國辦婚宴的事。很榮幸地，師母和老師邀請我擔任該場次婚宴的主持人，也因為這樣，讓我們在臺灣也有機會聚首。趁老師和師母難得聯袂回台的機會，特別邀請他們到我家坐坐，老師和師母不但答應，還花了一下午和我父母聊天，讓父母親對於我的求學之路有更深的認識和肯定，這是我獲得支持、繼續堅持到拿到學位的要件。但這也是我最後一次見到師母。

從知道師母生病，到聽到師母過世，只有短短不到半年的時間。除了震驚、感傷外，更多的是對師母的不捨。因為只要和師母、老師生活過，就不難知道他們的感情有多深厚。就我所見所聞所知，師母和老師從決定在異地生活開始、到建立家庭、孩子們順利成長、離家出外求學就業，都是在雙方相互關心和體諒中共同經營起來的。還記得某個週末到老師家包水餃的場景：老師和麵粉擀水餃皮、師母切菜拌餡，最後一起包出一顆顆飽滿圓潤的餃子，和諧的氛圍，至今仍烙印腦海中。

雖然師母已經辭世，但師母的關懷、體諒、慈祥、熱心，都是我感念至深、永難忘懷的回憶。

7 說到女兒笑開懷

廖述良教授暨夫人

一九八一年張博士正好生了大女兒，他與師母邀請我們這群來自台灣的留學生，到他的新家去包水餃。我大部分的時間因為跟博士作研究，所以都是和他互動的機會較多，師母則和留學生的太太們有較多的接觸。

我跟張博士做系統分析研究，事實上張博士沒有大我幾歲，我們亦師亦友，師生情誼如兄弟般。我還記得答應做他學生時，他一口氣拿了廿九篇論文給我看，時間是一個月。一個月後，他問我有何收獲？我告知他，還沒有看好。他又再給我一個月時間，但是時間一到，我還是沒法看懂。張博士提師母過去主修電腦科系時，有這方面研算法，所以我才去修一些電腦的研算法課程。我跟張博士做了很多東西。他曾經對我說：「做研究碰到瓶頸低潮時，就開車外出幾天放鬆一下，待心情舒暢回來後，就能有意想不到的收獲。」

張博士的記憶力超強，可以記憶很多的東西，也因為如此他大腦的硬碟空間都塞滿的，想像力的空間相對的就少了一些：我正好跟張博士相反，我的記憶力不好，大腦的硬碟空間就很空，因此我的想像空間就很大。有一次，我們討論統計，總共花了兩個星期，最後總結是「統計是魔法棒，可以點石成金。」在美國跟張博士作傳統的系統分析，回到台灣以後，我重新思考系統分析，目前我走到管理階層，做系統的思維與決策，屬於系統管理。

張博士與師母都是很安靜的人，話不多。兩人都有路見不平仗義執言的性格。基本上，師母是一位相當隨和，沒有架子的人。一點都看不出來她是職業婦女，在她身上看不到職業女性犀利和咄咄逼人的英氣，她總是安靜坐在一旁，聽別人說些什麼？

對師母印象深刻又有接觸的只有兩次。一次是他們來中壢，張博士到中央大學聽我的簡報，了解我目前在做些什麼。我太太則陪同師母去逛中壢市區，師母主要的都是在聊她的小女兒，她說女兒十分獨立，對於女兒參加和平軍到非洲去幫助那些當地人，她很佩服也覺得不可思議。當她和張博士一起到非洲，看見女兒生活的環境竟然如此荒涼，她倒是看得很開：「我只能選擇尊重。」說完話，師母爽朗的笑聲，不絕於耳。另一次是參加張博士大女兒的婚宴，在宴席上，師母看起來瘦了一點，但是很健康也很開心，尤其她女兒學醫，女婿是醫生。宴席間她總是很親切地招呼大家用餐。

自此後，都是張博士回台，很少聽他提師母的情況。有一天接獲一位旅美學妹的通知，才知道師母已過世了。

然而，她提起女兒笑開懷的笑聲，至今都還繚繞心田，揮之不去。

後記

最近重讀席慕蓉的這首詩〈所謂的曾經，就是幸福〉心中感觸良多。詩是這樣寫著：

「一直以為幸福在遠方，在可以追逐的未來。
我的雙眼保持著眺望，我的雙耳仔細聆聽，唯恐疏忽錯過。
後來才發現，那些握過的手，唱過的歌，流過的淚，愛過的人，
所謂的曾經，就是幸福。」

撰寫《茱萸花——三輪車伕之子到留美博士的家族顛沛流離奮鬥史》一書，花了我將近兩年多的時光，這是我撰寫許多書以來最為繁瑣難以下筆的一本書。但是卻是我印記裡最深刻的一本書。

我在張守玉博士的雙親、愛妻相繼過世後，要追述還原那些我無法想像的「曾經」，有如讓自己隨著時光機倒帶迴溯，在「泥上偶然留指爪，鴻飛那復計東西。」下，將張氏家族一路由北方流離失所到南方的顛沛過程，一、一列記下來。

其中從開始，我有如偵探般只要是來自山東的人，我都要發揮新聞記者的本事，只不

過是一點點蛛絲馬跡，我都得從中挖出一些點滴來。去基隆文化中心演講後，參觀畫家王傑的畫展，巧遇姜培坤先生，發現他們都是山東人，欣喜之餘，竟然從中打聽到懷魯新村的重點人物宋幹民先生的平生往事；從好友陳秀英老師的「慧眼」指點下，才知道宋幹民的公子宋廣齊老師，是陳老師的基中同事。這才讓我原本幾度心想放棄，幾度無從探詢的猶疑心才得以安住下。

之後，一連串的驚奇，在山東日照及台灣的張博士及其家族親人的口述訪談下，我有如歷經一場國共內戰，跟著這一群日照人一路從山東、上海、舟山群島，逃難到台灣基隆再轉到三重；我看見這群苦難中國人歷經辛酸的海上流離之路。

在張博士的童年歲月中，讓我回到五〇年代的生活；當他述說家族親情時，山東人的家族力量展現無遺；當他和建中同學的共鳴中，發現年輕時的真摯友愛，和師恩深重的感激；從他與妻子抗癌的過程中，我看見生命的幽微斑駁處。

每當我在書寫撰文時，為他們相互間的真情流露而不時熱淚盈眶。我想書寫的力道就是如此。雖然是一本家族紀錄史，但是文中處處傳承一份至情至性的愛。當今世道人心不古之際，能讓身陷困頓的人從中有一份繫盼與鼓舞；讓一塊曾經走過那段歲月中人，也能心有戚戚焉，慶幸走來柳暗又花明。

我相信我們每一個人在過往中所珍惜的，也就是今生所能擁有的。雖然「逝者如斯夫，不舍晝夜。」家族史的可貴就在此，而書寫人能感同身受，也才是寫書人的最大收穫與學習。

最後，謝謝「那些握過的手，唱過的歌，流過的淚，愛過的人，所謂的曾經，就是幸福。」不論我們交情深淺緣分厚薄與否，每一位口述的人都是我撰寫此書的活菩薩。感恩。

致謝

本書得以企劃、撰稿完成，感謝許多人不吝賜教並接受訪問，提供難得的口述史料、資訊及個人經歷，在此致上萬分誠摯謝意。

個人部分（按姓氏筆畫）

王仲孚教授、王傑畫家、王雲龍先生、孔繁鐸先生、白寬夫老師、牟迺護先生、李德財校長、宋廣齊老師、何婉麗教授、李麗梅女士、相同巧女士、相同雲女士、姜培坤先生、徐烈鈞博士、翁玉美女士、秦嗣林先生、孫慧真理事長、馬逢禧先生、高稚偉先生、黃琬淇小姐、陳秀英老師、黃花足老師、傅楓辰先生、賀郁芬女士、舒瑞英先生、舒瑞利先生、張玲菁女士、張守任先生、楊齡媛小姐、趙振家先生、廖逑良教授暨夫人、劉太昌先生、劉太鳳女士、蕭培英女士、蕭培興先生、蕭培和先生、（故）閻正章副秘書長。

中國

張守偉先生、張守義先生、高玉長先生全家、高春長先生全家、高松長先生全家、高海長先生全家、司錫連先生
中共日照市委台灣工作辦公室閻波先生、李羅羅先生、閆小平先生、邱玉德先生
日照市人民對外友好協會李莉女士
日照市人民政府外事僑務辦公室陳洪玉女士

史料部分

〈懷魯新一、二村〉之來時路（本文由山東日照耆老宋幹民先生口述、舒瑞利先生聯繫、引言、錄音，張玲菁女士攝影、整理、撰寫）
〈山東日照同鄉在台六十年〉、〈山東人在台灣工商篇〉（山東日照同鄉會前副秘書長閻正章先生提供）

單位部分

基隆市懷魯同鄉會、山東日照同鄉會

國家圖書館出版品預行編目資料

茱萸花——三輪車伕之子到留美博士的家族顛沛流離奮鬥史 / 張守玉 口述、蹇婷婷 撰文 --初版--
臺北市：博客思出版事業網：2014.6
ISBN：978-986-5789-24-4（軟精裝）
1.張守玉 2.臺灣傳記
783.3886 103011842

傷痕文學大系 6

茱萸花——
三輪車伕之子到留美博士的家族顛沛流離奮鬥史

作　　者：張守玉 口述、蹇婷婷 撰文
美　　編：鄭荷婷
封面設計：鄭荷婷
執行編輯：張加君
出 版 者：博客思出版事業網
發　　行：博客思出版事業網
地　　址：台北市中正區重慶南路1段121號8樓14
電　　話：（02）2331-1675或（02）2331-1691
傳　　真：（02）2382-6225
E—MAIL：books5w@gmail.com
網路書店：http://bookstv.com.tw/
http://store.pchome.com.tw/yesbooks/
博客來網路書店、博客思網路書店、華文網路書店、三民書局
總 經 銷：成信文化事業股份有限公司
劃撥戶名：蘭臺出版社 帳號：18995335
香港代理：香港聯合零售有限公司
地　　址：香港新界大蒲汀麗路36號中華商務印刷大樓
C&C Building, 36,Ting, Lai, Road, Tai,Po, New,Territories
電　　話：（852）2150-2100 傳真：（852）2356-0735
總 經 銷：廈門外圖集團有限公司
地　　址：廈門市湖裡區悅華路8號4樓
電　　話：86-592-2230177
傳　　真：86-592-5365089
出版日期：2014年6月 初版
定　　價：新臺幣350元整（軟精裝）
ISBN：978-986-5789-24-4